HÉCTOR ABAD FACIOLINCE

TRAICIONES DE LA MEMORIA

Para un hombre justo y
sabio, esta lectura recordando
a Borges en tu cumpleaños
de su hermana "menor" y
su alumno
Chrita y Carlos Augusto

7 de ABRIL/2010

ALFAGUARA

© 2009, Héctor Abad Faciolince

© De esta edición:
2009, Distribuidora y Editora Aguilar, Altea, Taurus, Alfaguara, S. A.
Calle 80 N° 9-69
Teléfono (571) 6 396000
Bogotá - Colombia

• Aguilar, Altea, Taurus, Alfaguara, S. A.
Av. Leandro N. Alem 720 (1001), Buenos Aires
• Santillana Ediciones Generales, S. A. de C. V.
Avda. Universidad, 767, Col. del Valle,
México, D.F. C. P. 03100. México
• Santillana Ediciones Generales, S. L.
Torrelaguna, 60. 28043 Madrid

ISBN: 978-958-704-923-7
Impreso en Colombia - *Printed in Colombia*
Primera edición en Colombia, diciembre de 2009
Primera reimpresión, enero de 2010

© Imagen de cubierta: Guillermo Roux, «Lector», 1973

Dirección de arte: Ana María Sánchez B.
Diseño y diagramación: Juan Manuel Amórtegui

HÉCTOR ABAD FACIOLINCE

TRAICIONES DE LA MEMORIA

ALFAGUARA

A Bea Pina

Contenido

PRÓLOGO

Cuando uno sufre de esa forma tan peculiar de la brutalidad que es la mala memoria, el pasado tiene una consistencia casi tan irreal como el futuro. Si miro hacia atrás y trato de recordar los hechos que he vivido, los pasos que me han traído hoy hasta aquí, nunca estoy completamente seguro de si estoy rememorando o inventando. Cuando vivimos las cosas, en ese tiempo «durante» que llamamos presente, con ese peso devastador que tiene la realidad inmediata, todo parece trivial y consistente y duro como una mesa o un taburete; en cambio, cuando pasa el tiempo, las patas de ese taburete se rompen o se pierden, el asiento se dobla, el espaldar se deforma, el respaldo es devorado por el comején, y las cosas terminan siendo tan irreales como ese objeto definido una vez maravillosamente por Lichtenberg: «Un cuchillo sin hoja al que le falta el mango». ¿Qué objeto es ese? Un objeto que puede existir tan solo en las palabras, una cosa que no se puede mostrar, pero una cosa que ustedes pueden ver en esa frase: «Un cuchillo sin hoja al que le falta el mango». Eso es el pasado casi siempre, algo que ya no es y de lo cual solo nos queda el rastro de las palabras.

Lo ya ocurrido y lo que está por venir, en mi cabeza, son apenas conjeturas. Los relatos autobiográficos que componen este libro tienen esa consistencia mixta: o la paciente reconstrucción por indicios de un pasado que ya no se recuerda bien («Un poema en el bolsillo» y «Un camino equivocado»), o el asombro ante un futuro que quizás ya no seremos nunca («Ex futuros»). Estos relatos aparecieron inicialmente —en versiones más cortas y rudimentarias— en las siguientes publicaciones periódicas: *Granta*, *El Malpensante*, *Letras Libres* y *El Espectador*. Aquí están corregidos, menos incompletos, y, en algunos casos, con el material visual que me ayudó a rescatarlos de la confusión y de la desmemoria.

Un poema en el bolsillo

Yo no hubiera querido que la vida me regalara esta historia. Yo no hubiera querido que la muerte me regalara esta historia. Pero la vida y la muerte me regalaron, no, mejor dicho me impusieron la historia de un poema encontrado en el bolsillo de un hombre asesinado y no pude hacer otra cosa que recibirla. Ahora quiero contarla. Es una historia real, pero tiene tantas simetrías que parece inventada. Si no fuera verdad, podría ser una fábula. Aun siendo verdad, también es una fábula.

Si la vida es el original, el recuerdo es una copia del original y el apunte una copia del recuerdo. Pero ¿qué queda de la vida cuando uno no la recuerda ni la escribe? Nada. Hay muchos pedazos de nuestra vida que ya no son nada, por un simple hecho: porque ya no los recordamos. Todo lo que no se recuerda ha desaparecido para siempre. La vida a veces tiene la misma consistencia de los sueños que, al despertarnos, se desvanecen. Por eso uno debería tener con ciertos episodios de la vida —tal como hacemos a veces con algunos sueños— la precaución de anotarlos porque si no, se olvidan y se disuelven en el aire. Shakespeare lo dijo mucho mejor que nadie, en *La tempestad*: «Hasta el inmenso globo, sí, y cuanto en él descansa, se disolverá […] y no quedará rastro de ello. […] Estamos hechos de la misma sustancia que los sueños, y nuestra corta vida se cierra con un sueño».

Yo, por ejemplo, no me acuerdo ya del momento en que esta historia empieza para mí. Sé que fue el 25 de agosto de 1987, más o menos a las seis de la tarde, en la calle Argentina de Medellín, pero ya no me acuerdo bien del momento en que metí una mano en el bolsillo de un muerto y encontré un poema. En este caso tengo suerte; apunté en

un cuaderno ese momento. Apunté en mi diario, aunque
nunca pensé que lo fuera a olvidar, que había encontrado
un poema en el bolsillo de mi padre muerto. Ese momento
yo ya no lo recuerdo. Pero aunque no lo recuerde, tengo la
prueba, tengo varias pruebas, de que eso sucedió en mi vida,
así ese instante, ahora, esté desterrado de mi memoria.

Como yo no recuerdo bien lo que pasó al caer la tarde
del 25 de agosto de 1987, como el recuerdo es confuso
y está salpicado de gritos y de lágrimas, voy a copiar
un apunte de mi diario, escrito cuando aquello estaba
todavía fresco en la memoria. Es un apunte muy breve:
«Lo encontramos en un charco de sangre. Lo besé y aún
estaba caliente. Pero quieto, quieto. La rabia casi no me
dejaba salir las lágrimas. La tristeza no me permitía sentir
toda la rabia. Mi mamá le quitó la argolla de matrimonio.
Yo busqué en los bolsillos y encontré un poema».

veré digna de tu memoria. Haré todo lo posible por ser 'alguien'
y así, desde allí, poder defenderte
revivirte, representarte. Tu legado
trataré de dejarlo a mis hijos y
nuestra estirpe tendrá siempre a
alguien que se acerque a tu bondad.
Ya verás, en tus nietos, bisnietos, t...
toronietos tendrás alguna perman...
cia, así ellos ya no sepan que tú,
que yo, fuimos sobre la tierra. Al
al defender ideales que pueden hace
que los seres humanos sean más...
lices, estarán repitiendo gestos tu...
Papá, te amo profundamente. Perdón
el tono patético, pero mientras yo
esté vivo no dejaré que te mueras.
Y ahora un beso.

Diario
Octubre 4 de 1987
Medellín, Colombia

7 de octubre

La mejor forma en que los
[pe]rezosos conseguimos no hacer na-
[d]a es haciendo todas las cosas a
[l]a vez. Porque la pereza, al me-
[n]os mi tipo de pereza, tiene la forma
[d]e la hiperactividad. Si empiezo y no
[t]ermino, si sigo con aquello cuando iba
[a] medias en esto, no me comprometo
[n]i con esto ni con aquello. Y ese es mi
[per]eza (otro nombre del miedo): la
[d]e comprometerme, hacerme responsable,
[du]eño incuestable de mis propios actos.

———— • ————— •

Hay varias posibilidades de trabajo en re-
[vi]sta. Dependiendo de la que elija, éstas
[pá]ginas que siguen tomarán una forma
[u] otra. ¿Para dónde voy?

Alusión al poema en
mi diario:
"que no sabrá que fui sobre la tierra".

Hasta ahí el diario, en la entrada del 4 de octubre del año 87. En las páginas siguientes hay algunas citas dispersas de versos del poema, pero en mi cuaderno no transcribo el poema completo. El poema completo lo publiqué después, el 29 de noviembre de 1987, en el *Magazín Dominical* de *El Espectador*. Aquí está la copia de esa publicación. Ahí digo, por primera vez, que el poema es de Borges.

¿De dónde saqué yo que el poema era de Borges? No lo sé bien. Lo más probable es que el poema escrito a mano viniera firmado con su nombre, o por lo menos con sus iniciales. Porque esa hoja copiada de puño y letra de mi padre, yo ya no la encuentro. Me dirán que eso no puede pasar, que uno no pierde ni arroja a la basura algo así, un documento tan íntimo, un papel tan importante. Soy desordenado, olvidadizo, a veces indolente. Además, yo salí de Colombia el día de Navidad del año 87, sin pasar siquiera por mi casa a empacar la maleta. Todo se quedó atrás, en manos de una familia enloquecida de tristeza y de miedo. En algún momento el papel se extravió; o alguien, sin pensarlo, lo tiró a la basura como una cosa más entre las cosas. Sin embargo, fuera de la publicación en el *Magazín*, tengo otra prueba de que esto me pasó a mí, de que no me lo invento como un sueño olvidado o como una traición más de la memoria.

y como parte de un conjunto, el cual a su vez pretendía ser síntesis del arte contemporáneo.

De este modo adquieren gran importancia ciertas obras que resumen, con mayor resolución, las virtudes que destacó -y que nosotros hemos enumerado- el conjunto de la exposición. En este caso señalo las propuestas presentadas en el límite de la escultura y la pintura del alemán Anselm Kiefer: telas de gran formato, pintadas con suma variedad de materias, sobre las que insertaba fibras de vidrio u objetos metálicos y cuya temática, preocupada por presentar una totalidad del cosmos en metáforas pictóricas se refleja en sus títulos: "El Eufrates y el Tigris", o "Mujeres y Revolución".

La pintura del suizo Luciano Castelli, "The Bitch and Her Dog 2", comprende un espacio visual rítmico, altamente teatralizado y de fuerza evocativa al igual que los hologramas del australiano Alexander, "War Into Prace", que al contrario de lo anterior sí se producen dentro de una tecnología audiovisual, pero buscan una plasticidad pictórica. Este suceso, no tanto de emplear técnicas mixtas, sino de producir en el límite de las materias y materiales para, precisamente, en esta frontera generar la evocación temática de sus propuestas, nos ha parecido una de las constantes en las obras más sobresalientes.

Luciano Castelli, Suiza.

Europa versus Latinoamérica

Para concluir, digamos que existe una guía suplementaria para ver esta Bienal, que sería recorrerla en la relación Europa versus Latinoamérica. Si en los artistas europeos hemos visto laboriosidad, experimentación en materiales, pero mayor concentración en formatos relativamente tradicionales, en los artistas latinoamericanos hemos constatado mayor vigor en el uso del espacio, búsqueda más libre de materias de expresión y un compromiso, si bien más plástico que de didáctica ideológica, por expresar la cotidianidad del continente. Aquí hay que recordar la "exposición de trabajos para el carnaval Trinidad y Tobago" de Peter Minshall,

interesante lección de escultura y montaje audiovisual; las esculturas conmovedoras del venezolano Cornelis Zitman, y el montaje escultural del chileno Alfredo Jaar, "Utopía Versus Realidade", quien tomó el nombre de la misma muestra para presentarnos en una sala semioscura, el ritual de la metáfora de una paz imposible, obra construida con materiales mixtos: cartón, papeles y un tanque de guerra.

La Bienal de Sao Paulo, pues, está llena de fantasmas, elipsis, monstruos, visiones que miran a los visitantes desde varios ángulos; una muestra donde la exhibición del espacio ha cobrado gran importancia y entonces una sensación de recorrer un laberinto con revelaciones y señales ocultas, desafía al visitante: el grupo francés Quatre Taxis, presentó una composición visual "Quatre Taxis Suicidio de Hollywood", las letras del

conocido emblema, inscr colinas de la verdadera ci Hollywood, en los E.U., s réplica, rodeando el pabel Bienal -en el parque de Ib pero algunas letras faltaro colocaron en lámina de vi de la misma sala de expos efecto de perspectiva sólo punto de observación el v podrá leer la palabra com y-w-o-o-d. Simple juego dentro de un laberinto, pe tiempo habría que recono laberinto pide ser descifra

Notas:
(1). Catálogo 19 Bienal, Fi de Sao Paulo, introducción a Sheila Leirner.
(2). El buen nivel alcanzado exposición y su destacado m contrastan con el desorden e improvisación del "Encuentr Internacional de Críticos de

«Apuntes para una biografía» por Héctor Abad Faciolince
Magazín Dominical de *El Espectador*
Noviembre 29 de 1987
Bogotá, Colombia

Apuntes para una biografía

azar un surco significa hacer una ...beneficiosa pero destinada a de-recer. Cuando las espigas se ...n sobre el campo, ¿quién puede ...es surcos donde fueron sembra-... Y aquel que contempla ese mar ...do y ondulante, ¿qué puede sa-...el nombre del hombre que trazó ...urcos? Pero ese hombre existió ...un cielo nublado de otoño que ...nazaba tormenta; ese hombre ...los surcos sobre el arado, ...do por la esperanza".

Albert Schweitzer

...r Héctor Abad Faciolince

...l 25 de agosto de 1987, fecha ...en la que cinco balazos ...acabaron con su vida, a Héctor Abad Gómez le falta-...ías para cumplir 66 años. Sin ..., aunque nunca llegó a tener ...sesenta y cinco, cuando le ...ban por su edad, Héctor Abad ...raba responder que ya estaba ...a los doscientos años. Expli-... había nacido en un pueblo ...lericó, según el calendario en ...ro sólo a principios del siglo ...in la situación histórica y cul-...u pueblo. "Una cosa es mi edad ...y otra la de mis asombros y ex-...".

... por el abismo que percibía ...a entre sus dos edades, era que ...que lo conocían pensaban que ...n patriarca muy antiguo, car-

Fotografías archivo familiar.

gado de sabiduría humanista, pero en-carnado en un cuerpo mucho más joven que sus experiencias. Su vitalidad, su entusiasmo, su misma temeridad, eran como de estudiante universitario. Pero la paz y la serenidad satisfecha que emanaba daban a entender que él era un hombre que se había encontrado, que había logrado alcanzar la meta más ardua que pueda perseguir el ser hu-mano: la perfecta armonía consigo mismo.

Los primeros treinta años de su vida los dedicó casi exclusivamente a estudiar, a ponerse al día, a recuperar en breve tiempo los cien años de soledad de su pueblo. Cuando, durante la gran depresión, su familia tuvo que dejar la población del suroeste antioqueño donde había nacido, Héctor cursaba el tercer año de primaria. Pero unas se-manas después, luego del largo viaje a caballo que los llevó hasta Sevilla (una nueva colonización antioqueña en el Valle del Cauca), su padre decidió que habían conversado lo suficiente como para matricularlo en primero de bachi-llerato. Este es un buen ejemplo de la intensidad y la prisa a la que se vio obligado para recuperar el tiempo per-dido por una comunidad atrasada, anclada todavía a concepciones decimonónicas: sólo quien lograra hacer en pocos días lo que a la mayoría de la gente le toma varios años, sería capaz de llegar a tiempo 1941, para lograr comprender la importancia de las aplicaciones que Floren y Chain comen-zaban a darle al gran descubrimiento de Alexander Fleming, o sea que un moho llamado *penicillium* se oponía al crecimiento del estafilococo. Eran los días en que empezaba a estudiar medicina.

De sus años de formación, Héctor Abad Gómez recordaba con gran exac-titud las circunstancias del país, los acontecimientos de los pueblos donde

Estando en ese cargo logró detectar que en el municipio de Andes se estaba empezando a desatar una epidemia de polio. Las circunstancias eran tan alarmantes que daban la oportunidad de atreverse a hacer lo que hasta el momento nadie se había atrevido: probar a nivel masivo la nueva vacuna de Sabin que sólo se había aplicado a muy pequeños grupos dentro de espacios institucionales de experimentación bastante controlados. Los experimentos no permitían establecer todavía la verdadera eficacia de la vacuna ni, lo que es más grave, su inocuidad. Pero ante las dimensiones que la enfermedad estaba tomando en Andes, Héctor Abad resolvió correr el riesgo.

A finales de 1957 se puso en contacto con funcionarios de la OMS para conseguir las dosis del medicamento que él aplicaría bajo su entera responsabilidad. Organizó a un grupo de estudiantes de su departamento y de médicos recién egresados, planeó todo el sistema de cómo se realizaría el posterior control estadístico y epidemiológico de los resultados de la vacunación, e hizo la campaña previa para que los campesinos accedieran a vacunar a sus niños.

No era Héctor Abad la prolongación de la mano norteamericana que usa a los campesinos del tercer mundo como conejillos de Indias. Tan no era así que el cinco de abril de 1958, poco antes de salir para Andes, aplicó las primeras dosis de vacuna a sus cuatro hijas menores. El reto a la enfermedad se hizo en pocas horas de buena organización durante las cuales fueron vacunados los siguientes fu[...] niños menores d[...] siguientes fu[...] expectativa. P[...] tenía la convic[...] dumbre, de qu[...] tado. Pero exist[...] esos niños, empe[...] lugar de inmuni[...] enfermedad y mu[...] siados de por vid[...] ocurrir, Héctor A[...] tomado la firme dec[...] vida.

La vacunación fue u[...] tados se publicaron en [...] sas revistas de medici[...] sucesivos hubo dos c[...] Andes, pero ambos [...] familias no habían per[...] vacunaran. Muchas vece[...]

familia sobre la decisión tomada por el padre. ¿Arriesgar a sus propias hijas, estar dispuesto a quitarse la vida por confirmar la aplicabilidad de un descubrimiento científico? El hecho es que sin este acto de valor muchos años hubieran pasado sin que la vacuna pudiera comercializarse y muchos niños en todo el mundo hubieran muerto mientras se esperaban los resultados de pruebas lentas y prudentes. "'Hay un valor, concluía Héctor Abad Gómez, que tal vez nuestro siglo ha echado un poco al olvido: es el valor del valor".

(....)

Fue esta misma [...] nalmente [...]

tan duro y tan extenso que lo[...] el asesinato de este hombre [...] justo poner punto final en el [...] su muerte porque el violen[...] de las balas no fue seguido[...] cio. Su cuerpo sin vida, su [...] su pecho quieto, lograron t[...] último mensaje. En el bo[...] camisa fueron encontrados [...] En uno, en medio de una l[...] condenados, estaba escrito [...] con la sentencia dictada po[...] ríos de la muerte. En otro, c[...] puño y letra, un poema [...] Poniendo juntos estos dos [...] no testimonio de las más [...] ciones del hombre, el otr[...] tas creaciones, Héctor A[...] so indicarnos la manera [...] dio su última caminata [...] muerte:

somos el olvido que nos s[...]
polvo elemental que nos s[...]
fue el rojo Adán y que no[...]
los hombres, y que no [...]

mos en la tumba las dos [...]
cipio y el término; la [...]
na corrupción y la m[...]
de la muerte y las [...]

insensato que se a[...]
sonido de su no[...]
esperanza en aqu[...]
a que fui sobre la [...]
ferente azul del ci[...]
ión es un consu[...]

sus veleidad[...]

"Ya somos el olvido que seremos.
El polvo elemental que nos ignora
y que fue el rojo Adán y que es ahora
todos los hombres, y que no veremos.

Ya somos en la tumba las dos fechas
del principio y el término; la caja,
la obscena corrupción y la mortaja,
los ritos de la muerte y las endechas.

No soy el insensato que se aferra
al mágico sonido de su nombre.
Pienso con esperanza en aquel hombre
que no sabrá que fui sobre la tierra.
Bajo el indiferente azul del cielo
esta meditación es un consuelo".

Los apuntes terminan con
la transcripción del
poema, sin título.

...gor Abad Gómez

...ilosofía de la Salud Pública

...o de "Teoría y práctica de la Salud Pública", Universidad de
...ia, Medellín, 1987)

...emos visto que la Salud
...Pública es, en esencia, una
...ética social. Una nueva ética
social. Es la manera como
...os la función de la Medicina
...iedad. Es la ética de los que
...que la Medicina debe ser para
...de todos los seres humanos de
...unidad y de todas las
...des humanas, y no solamente
...ue pueden tener acceso a ella,
...conocimientos, su posición
...a, geográfica, política, social,
...racial o ideológica. Es la ética
...e actuamos para que dicha
...se traduzca en acción, por
...la aplicación científica y
...la disciplina "Salud Pública".
...estemos convencidos de que
...ser así, de que éste es un
...moral categórico, para todos
...cos y para todos los tra-
...de la Salud, y de que esto no
...pesar de nuestros deseos y
...bemos averiguar cuáles son
...de que tal resultado no se
...Ya hemos visto que la causa
...de que la teoría no se con-
...ráctica, es, esencialmente, la
...anización socio-económica
...No es falta de conocimientos
...o de conocimientos técnicos
...vos, lo que impide que todos
...tes del mundo reciban los
...rvicios de Salud. Son los fac-

tores de dependencia económica, de
ignorancia y las grandes diferencias en
la "productividad" de los distintos
grupos humanos, lo que condiciona, pri-
mordialmente, las diferencias en los
servicios de salud que reciben. Haga-
mos, primero, una pregunta fundamental. ¿Es la salud un derecho humano
básico? Esto ha sido reconocido por
todos los gobiernos, en los últimos 20
años, al asociarse a la Organización
Mundial de la Salud, agencia especiali-
zada de las *Naciones Unidas*. Pero este
es un derecho que se aplica muy defi-
cientemente, en la práctica, para la gran
mayoría de los seres humanos que actualmente habitan la Tierra. ¿Cuál es
uno de los objetivos primordiales de la
Medicina y de la Salud Pública? Evitar
el sufrimiento humano. ¿Lo estamos
logrando? Es evidente que no. ¿Por qué?
Porque el mundo no tiene un objetivo
común. Porque predomina el egocen-
trismo, el grupocentrismo y el nacional-
centrismo. Porque no se ha logrado una
filosofía común, una ética humana
común, que ponga el bienestar del
hombre, de todos los hombres, por encima de toda otra consideración. ¿Se
está avanzando hacia esa ética común?
Pareciera que sí. Las comunicaciones, la
ciencia, la técnica, la educación, nos
hacen cada vez más cercanos -más
prójimos- con todos los habitantes del
mundo. Pero las nacionalidades, las re-

ligiones, las razas, las ideologías, di-
viden. La ciencia y la técnica unen. La
ciencia y la técnica, al servicio de una
sola nación o grupos de naciones, o sólo
al servicio de algunos grupos humanos,
o no más que al servicio de los que
pueden producir, y por lo tanto pagar por
recibir los beneficios de esta ciencia y de
esta técnica, no son suficientes. La Salud
Pública -como todas las ciencias y como
todas las técnicas- no puede ser "neu-
tral", ni ética ni políticamente. Los
científicos y los técnicos, como seres
humanos que somos, no podemos ser
neutrales. Cada uno de nosotros debe
poder decidir, libremente, en favor de
quienes realizamos nuestros estudios y
trabajos científicos o aplicamos nuestros conocimientos técnicos. Debemos
investigar si en realidad hemos adop-
tado una ética social clara. Y cuáles son
las circunstancias y factores, condi-
cionantes o determinantes, que hacen
que nuestros deseos personales no
puedan ser aplicados en la práctica.

Es una prueba tallada en piedra. Se trata de la lápida que pusimos en el cementerio de Campos de Paz, sobre la tumba de mi padre. Aquí pueden todavía ver, o al menos adivinar, el poema, porque incluso las palabras cinceladas en piedra se van borrando, igual que la vida y tal como los sueños.

En la lápida el poema está firmado por unas iniciales: J. L. B. Son las mismas de Borges. Fuera del cuaderno, fuera del *Magazín*, fuera del mármol, el poema ahora también está impreso en mi memoria y espero recordarlo hasta que mis neuronas se desconfiguren con la vejez o con la muerte. Dice así:

> *Ya somos el olvido que seremos.*
> *El polvo elemental que nos ignora*
> *y que fue el rojo Adán y que es ahora*
> *todos los hombres, y que no veremos.*
> *Ya somos en la tumba las dos fechas*
> *del principio y el término. La caja,*
> *la obscena corrupción y la mortaja,*
> *los ritos de la muerte, y las endechas.*
> *No soy el insensato que se aferra*
> *al mágico sonido de su nombre.*

Pienso con esperanza en aquel hombre
que no sabrá que fui sobre la tierra.
Bajo el indiferente azul del cielo
esta meditación es un consuelo.

Después pasó el tiempo. Mucho tiempo. Nadie le prestó atención a este soneto inglés (y digo inglés por su disposición: tres cuartetos más un dístico final). Ni siquiera yo mismo. Hasta que publiqué un libro a finales del año 2006, *El olvido que seremos*, cuyo título está tomado del primer verso del poema. En el libro yo digo, por una alevosa traición de la memoria, que el título del poema es «Epitafio». Si piensan en el tema del poema y en la lápida del cementerio entenderán de dónde nace la confusión en mi cabeza. En el libro tampoco pongo en duda el nombre del autor. Escribo que el poema es de Borges.

Como el libro fue bastante leído en Colombia, y como el éxito es siempre sospechoso, vinieron los expertos y los suspicaces a decir que el poema era apócrifo, que el poema no era de Jorge Luis Borges. Dijeron incluso que yo se lo atribuía a Borges para vender más libros, para

Iniciales casi
borradas: J.L.B.

poner mi nombre de enano al lado de un gigante. Yo sabía desde antes, desde siempre, que el soneto no aparecía en ninguno de los libros de poesía ni en las *Obras completas* ni en los *Textos recobrados* ni en la *Obra poética* del escritor argentino. La cosa me extrañaba, pero poco me importaba. Yo no ponía en duda la atribución a Borges, pero tampoco me preocupaba mucho el problema de su autoría: el soneto era hermoso, el soneto era importante para mí, y eso era suficiente.

Durante muchos años el misterio y la rabia se concentraron en tratar de averiguar quiénes habían matado a mi padre; me importaba muy poco verificar quién era el autor del poema. En el papel decía que era de Borges, y yo lo creía, o al menos quería creerlo. Como es natural en esa situación, me intrigaba más la maldad que la poesía; menos el enigma de la belleza que el enigma del mal. Al lado de la atrocidad de la muerte, ese pequeño acto estético, un soneto, no parecía tener mayor importancia.

El caso es que las dudas ajenas, y también la ajena maledicencia, acabaron por obsesionarme a mí también. Cuando publiqué *El olvido que seremos*, yo vivía en Berlín,

Ese mismo martes 25, por la mañana, asesinaron al presidente del gremio de maestros de Antioquia, Luis Felipe Vélez, en la puerta de la sede del sindicato. Mi papá estaba indignado. Muchos años después, en un libro publicado en 2001, Carlos Castaño, el cabecilla de los paramilitares durante más de diez años, confesará cómo el grupo liderado por él en Medellín, con asesoría de inteligencia del Ejército, asesinó, entre muchas otras víctimas, tanto al senador Pedro Luis Valencia, delante de sus hijos pequeños, como al presidente del sindicato de maestros, Luis Felipe Vélez. A ambos los acusaba de ser secuestradores.

Al mediodía de ese martes, cuenta mi mamá, volviendo juntos de la oficina, mi papá quiso oír las noticias sobre el crimen de Luis Felipe Vélez, pero en todas las emisoras de radio no hablaban de otra cosa que de fútbol. Para mi papá el exceso de noticias deportivas era el nuevo opio del pueblo, lo que lo mantenía adormecido, sin nociones de lo que de verdad ocurría en la realidad, y así lo había escrito varias veces. Estando con mi mamá, le dio un puñetazo al volante y comentó con rabia: «La ciudad se desbarata, pero aquí no hablan sino de fútbol.» Dice mi mamá que ese día estaba alterado, con una mezcla de rabia y tristeza, casi en el borde de la desesperanza.

Esa misma mañana del 25 de agosto, mi papá había estado un rato en la Facultad de Medicina, y luego en su despacho en el segundo piso de la casa donde funcionaba la empresa de mi mamá en el centro, en la carrera Chile, al lado de la casa donde había vivido Alberto Aguirre en su juventud y donde seguía viviendo su hermano. Esa era la sede del Comité de Derechos Humanos de Antioquia. Supongo que fue en algún momento de esa mañana cuando mi papá copió a mano el soneto de Borges que llevaba en el bolsillo cuando lo mataron, al lado de la lista de los amenazados. El poema se llama «Epitafio» y dice así:

238

El olvido que seremos de Héctor Abad Faciolince
Editorial Planeta
2006
Bogotá, Colombia

El título no es
"Epitafio"
y el poema no debe
partirse en estrofas.

> Ya somos el olvido que seremos.
> El polvo elemental que nos ignora
> y que fue el rojo Adán, y que es ahora,
> todos los hombres, y que no veremos.
>
> Ya somos en la tumba las dos fechas
> del principio y el término. La caja,
> la obscena corrupción y la mortaja,
> los triunfos de la muerte, y las endechas.
>
> No soy el insensato que se aferra
> al mágico sonido de su nombre.
> Pienso con esperanza en aquel hombre
>
> que no sabrá que fui sobre la tierra.
> Bajo el indiferente azul del Cielo
> esta meditación es un consuelo.

Por la tarde volvió a la oficina, escribió su columna para el periódico, tuvo algunas reuniones con la gente de su campaña política y se citó con los de publicidad para verse en el Directorio Liberal al atardecer. Esa noche pensaban «empapelar» la ciudad con carteles que llevaban el nombre y la foto del candidato. Antes de ir al Directorio, una mujer de quien no sabemos el nombre y a quien nunca volvimos a ver, le sugirió a mi papá que fuera hasta el sindicato de maestros, a rendirle un último homenaje al líder asesinado. A mi papá le pareció muy bien la idea, e incluso invitó a Carlos Gaviria y a Leonardo Betancur a que fueran juntos, y hacia allá salía cuando yo lo vi por última vez.

Nos cruzamos en la puerta de la oficina. Yo llegaba con mi mamá, manejando el carro de ella, y él estaba saliendo de su puerta en compañía de esa mujer gruesa, sin cintura, de vestido morado, como las estatuas luctuosas de Semana Santa. Le dije a mi mamá, al verlos, por tomarle el pelo:

239

Obra poética de Jorge Luis Borges
Emecé
2005
Buenos Aires, Argentina

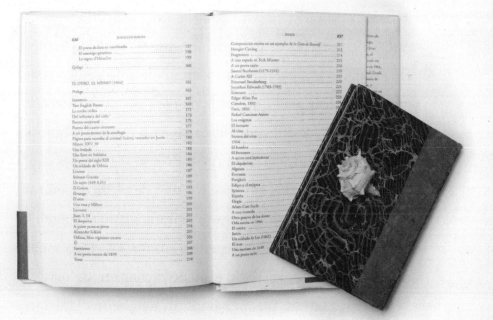

era invierno y el DAAD me había dado un *Stipendium*, una beca para escribir: tenía mucho tiempo. Se me metió en la cabeza que tenía que averiguar de quién era realmente ese poema. Si la inepta justicia colombiana no había sido capaz de encontrar y condenar a los asesinos de mi padre, al menos yo tenía que ser capaz de encontrar al autor del soneto. La primera pista, e incluso la penúltima, me las dio un curioso poeta colombiano de nombre Harold Alvarado Tenorio.

Yo mismo le escribí la primera vez a Harold, yo mismo lo llamé desde Berlín para pedirle que me ayudara a rastrear el origen y el autor del soneto. ¿Por qué lo llamé a él? Porque hasta ese momento, enero del año 2007, la única mención en español que había de ese poema en internet (fuera de las alusiones a mi libro), era un relato de Tenorio en la segunda entrega de la revista *Número*, del mes de octubre de 1993. El texto lleva el título de «Cinco inéditos de Borges por Harold Alvarado Tenorio». Allí él cuenta la historia de cómo habrían llegado a sus manos cinco sonetos de Borges, en Nueva York, el 16 de diciembre de 1983.

Según Harold, tres personas presenciaron el milagro: el poeta venezolano Gabriel Jiménez Emán, una bellísima estudiante argentina de Medicina, María Panero, y el

mismo Tenorio. Cuenta Tenorio que Borges, súbitamente
enamorado de María Panero, le dictó a ella los sonetos, los
primeros en un bar entre las calles 40 y 57 de Nueva York,
y el último a bordo de un taxi camino de un apartamento
donde el profesor Emir Rodríguez Monegal los estaba
esperando para llevar a Borges, junto con María Kodama,
al Center for Interamerican Relations, donde el argentino
debía pronunciar una conferencia esa noche.

Harold habría hecho una fotocopia de los sonetos
pasados a mano por María Panero, pero esa misma noche,
después de emborracharse hasta el delírium trémens, tuvo
que ser internado en un hospital. Al salir del hospital se
fue a Madrid, se hospedó en la casa del matrimonio de
Carlos Jiménez y Sara Rosenberg, y dejó allí olvidados los
poemas, metidos entre las páginas de un libro, hasta 1992,
cuando vuelve a Madrid, los recupera, los lee por primera
vez (eso dice en su texto) y prepara su relato. Por eso
viene a publicarlos apenas en 1993, en la revista *Número*,
diez años después de que Borges se los hubiera dictado,
según el poeta colombiano, a María Panero.

Lo último que hace Tenorio en su artículo es
transcribir cinco sonetos, todos ellos sin título, entre

«Cinco inéditos de Borges» por Harold Alvarado Tenorio

Revista Número, No. 2

Octubre de 1993

Bogotá, Colombia

CINCO INÉDITOS DE BORGES

POR HAROLD ALVARADO TENORIO

ESCULTURAS EN BRONCE DE JIM AMARAL

LA ÚLTIMA VEZ que vi a Borges fue en Nueva York el 16 de diciembre de 1983. Debía dar una lectura o conferencia en el Center for Interamerican Relations y sabiendo, gracias a Emir Rodríguez Monegal, que Borges llegaría un día antes, pude concertar una cita con él y a solas. Rodríguez Monegal trajo a Borges hasta mi casa en el 70E de la calle 84 a eso de las once de la mañana y, literalmente, me lo endosó por el resto del día. Creo que tanto él , Emir, como Roberto Piccioto, iban de almuerzo con María Kodama, que pasaba por uno de esos malos ratos antes de la muerte del escritor. Pero Piccioto ya sabía cómo distraerla, le hablaba de antigüedades romanas y bizantinas, o le hacía preparar, en alguna cafetería de mala muerte atendida por italianos recién llegados de Palermo, una de esas pizzas hechas con pan francés y salchichas de ternera, que tanto le gustan. Kodama, después de muchos remilgos, terminaba siempre bebiendo margaritas y vermut seco en cualquier bar de Midtown.

Tomé a Borges del brazo y le dije que camináramos un rato por Madison. Fuimos andando lentamente, yo tuerdito recién estrenado, Borges anónimo ciego, por esa avenida donde están las más ricas pastelerías de la tierra y los cafés más acogedores de Nueva York. A la altura de la calle ochenta y seis preguntó si era verdad que Yorkville había sido un barrio de emigrantes alemanes y le respondí que sí, que allí habían vivido hasta los años setenta una buena cantidad de germanos, checos y húngaros y que todavía quedaban en los alrededores restaurantes y mercados y típicas delicatessen. Borges comentó que había unos cincuenta años no comía gulash, que temía hacerlo, pues tenía el estómago acostumbrado a la sopa de petit pois que doña Leonor había ordenado a Epifanía Uveda luego del accidente de la ventana que casi le cuesta la vida y que cambió el rumbo de sus poemas y narraciones. Borges preguntó si comer un gulash entre los dos sería demasiada molestia para mí. Por supuesto que no. Entonces tomamos la ochenta y seis hacia el río y nos metimos en uno de esos bares irlandeses que están al lado de Macy's. Borges no se enteró que lo había puesto a comer caraotas con posta, y el plato le pareció una delicia, como en verdad estaba.

Mientras comíamos y Borges comía muy lentamente, le pregunté cómo habían sido los últimos días de su madre. Se sintió sobrecogido, pero luego, recobrando su natural, intentó dar una respuesta completa sobre el asunto. Dijo que su madre había sufrido mucho, que ojalá no fuera él a sufrir cosa igual. Deseaba morir, tan pronto supiera llegada la hora, lo más pronto posible. Él había pagado ya con su ceguera buena parte del infierno que le tocaría tras la muerte y por eso estaba seguro de que la cosa sería expedita, de un día para otro. "Madre me llamó siempre 'inútil' o 'infeliz'. Nunca permitió que llevase más de una vez una chica a casa y menos que ella pasase a mi cuarto por unos momentos." Daba la impresión que Borges gozaba recordando los sufrimientos de su madre.

Cuando terminó de almorzar le pregunté qué deseaba hacer y volvió a sorprenderme. Quería que hubiéramos a varios de los 104 (ciento cuatro, eso dijo Borges) bares que hay entre la cuarenta y la cincuenta y siete. Le pregunté cuándo había estado allí y dijo que nunca, pero que recordaba un filme con Ray Milland —*The Lost Week End*— donde un alcohólico entra y sale de bares como Clarke's, Yukon, Jimmy's, Olde Knick y la taberna Castle. Qué cosa más prodigiosa, la memoria de Borges, para recordar nombres de bares en una película, en blanco y negro. Le recordé que tenía que llamar a Rodríguez Monegal.

La fila del teléfono público más cercano tenía por lo menos diez personas. Y ni modos de no hacer esa diligencia. Emir y mis otros amigos tenían que saber en qué iba la tarde con Borges. Estaba en la cola cuando divisé a Gabriel Jiménez Emán sobre la esquina de Lexington, mirando a lado y lado, como buscando orientación. Lo acompañaba María Panero, una divina argentina que estudiaba medicina en New York University luego de haber logrado que el gobierno americano le concediera visa de exilada política. Le dije a Borges que cruzáramos la calle para saludar a Gabriel y cuando estuvimos cerca de ellos y antes de que le presentásemos a María, Borges ya la había intuido, quizá porque la oyó hablar y supo que era argentina. El hecho es que de inmediato le puso la mano sobre el brazo a la muchacha y continuamos bajando hacia el Carl Schurz Park, donde nos sentamos un rato, mientras María describía a Borges el Triborough Bridge, la isla Wards, los barcos cargados de basura y arena y ambos se complacían con el clima benigno del día, ni frío ni ventoso.

Gabriel Jiménez Emán había llegado dos días antes a Nueva York desde Barcelona, camino de Middlebury College, donde iba a dar una conferencia sobre el grupo Sardio y la poesía de Ramón Palomares. Estaba algo preocupado sobre el asunto pues había dejado sus apuntes en España y me estaba buscando para usar mis archivos. Al ver que Borges se entendía de lo lindo con María Panero, nos apartamos un

Los Cinco Sonetos

I

Los órdenes de libros guardan fieles
En la alta noche el sitio prefijado.
El último volumen ha ocupado
El hueco que dejó en los anaqueles.
Nadie en la vasta casa. Ni siquiera
El eco de una luz en los cristales
Ni desde la penumbra los casuales
Pasos de vaga gente por la acera.
Y sin embargo hay algo que atraviesa
Lo sólido, el metal, las galerías,
Las firmes cosas, las alegorías,
El invisible tiempo que no cesa,
Que no cesa y que apenas deja huellas.
Ese alto río roe las estrellas.

Estos versiones están llenas
de errores de
métrica y de rima.

II

Me pesan los ejércitos de Atila,
Las lanzas del desierto y las murallas
De Nínive, ahora polvo; las batallas
Y la gota del tiempo que vacila
Y cae en la clepsidra silenciosa
Y el árbol secular donde clavada
Por Odín fue la hoja de la espada
Y cada primavera y cada rosa
De Nishapur. Me abruman las auroras
Que son y las que fueron, los ponientes,
El amor y Tiresias, las serpientes,
Las noches y los días y las horas,
Sobre la sombra que yo soy gravitan,
La carga del pasado es infinita.

III

Ya somos el olvido que seremos.
El polvo elemental que nos ignora
Y que fue el rojo Adán y que es ahora
Todos los hombres y los que seremos.
Ya somos en la tumba las dos fechas
Del principio y el fin, somos la caja,
La obscena corrupción y la mortaja,
Los ritos de la muerte y las endechas.
No soy el insensato que se aferra
Al mágico sonido de su nombre;
Pienso con esperanza en aquel hombre
Que no sabrá quién fui sobre la tierra.
Bajo el indiferente azul del cielo,
Esta meditación es un consuelo.

los cuales hay uno, el tercero, casi igual al que mi padre llevaba en el bolsillo, aunque con algunos cambios que empeoran el resultado, bien sea por el sentido o, lo que es más grave en un soneto, porque un verso deja de ser endecasílabo.

Cuando me puse en contacto con Harold, este me dijo varias veces que la historia de Nueva York era un invento suyo y que los poemas los había escrito él mismo, imitando el estilo de Borges. Que después de escribirlos se los había propuesto, envueltos en esa historia y asegurando que eran de Borges, al poeta colombiano William Ospina (vinculado a la redacción de la revista *Número*) y que Ospina, además, había intentado enmendar algunos problemas de métrica de los sonetos. Había en esta respuesta, sin embargo, dos cosas extrañas. La primera era la fecha de publicación, 1993, seis años después de la muerte de mi padre. La segunda era que la versión del soneto del bolsillo era mejor que la que publicaba quien decía ser el mismo autor del poema.

Cuando yo le señalé estas incongruencias, Harold me respondió, a las objeciones formales, diciendo que cualquiera que tuviera dos dedos de frente vería que su versión era mejor que la del bolsillo. A la objeción temporal, contestó con una paradoja borgeana: «Entonces tu padre llevaba el poema seis años antes de que yo lo escribiera». Pude haber dejado las cosas así, con esta explicación de Harold, pero ya lo dije: era invierno, tenía mucho tiempo, el poema era importante para mí, y a nadie le gusta que le digan mentiras.

Escribí en la revista *Semana*, de un modo muy resumido, lo que les acabo de contar. Al final les pedía a los expertos en Borges que me ayudaran a rastrear el poema. Al mismo tiempo contraté en Medellín a una estudiante de periodismo, Luza Ruiz, para que investigara en los archivos y bibliotecas de la ciudad, a ver si podía dar con la fuente de donde mi papá podía haber copiado el soneto antes de metérselo en el bolsillo aquella tarde.

En toda fábula infantil, ustedes saben, hay un objeto mágico, un ayudante y un antagonista. También hay espíritus benignos que le ayudan a uno y espíritus malignos que tratan de alejarlo del camino recto. Aquel artículo en el que yo pedía auxilio hizo que despertaran todos los espantos, benefactores y malevolentes. Apareció, primero que todo, un hada madrina. Ella no quiere que

ALVARADO TENORIO, AUTOR DE BORGES

Por Héctor Abad Faciolince

EN NOVIEMBRE DEL AÑO PASADO PUBLIQUÉ un libro testimonial, *El olvido que seremos*, pero por la historia que voy a contar creo que puedo empezar a llamarlo novela. La historia tiene que ver con el título del libro, pues éste, se supone, yo lo habría tomado del primer verso ("*Ya somos el olvido que seremos*") de un soneto de Borges que mi papá había copiado de su puño y letra, y que llevaba en el bolsillo de la camisa el día que lo mataron.

Desde hace muchos años yo tenía la feroz sospecha de que ese soneto de Borges (*Epitafio*, se llama) pudiera ser apócrifo. Si no indagué mucho más, esto se debe a que nunca quise comprobarlo, por lo menos no antes de la publicación del libro. El indicio más claro de que el soneto era falso consistía en que nunca pude encontrarlo en las *Obras Completas* de Borges. Me quedaba la duda, sin embargo, de que pudiera ser un poema póstumo, recobrado en junio de 1987 (un año después de su muerte), en alguna de las múltiples publicaciones que se hicieron para conmemorar el primer aniversario de su fallecimiento. Recuerdo haber consultado en Google la nueva Biblioteca de Babel, y también con especialistas en Borges, que se mostraban perplejos, pero que no obstante me decían que todo en el poema (el tema, el tono, la adjetivación, el léxico, las rimas) era típicamente borgesiano.

En la última feria del libro de Guadalajara, y precisamente en la presentación de *El olvido que seremos*, tuve la suerte de conocer al editor de Borges en Argentina, Ricardo Sabanes, y esa noche, durante la comida, le recité el supuesto soneto de Borges, que me sé de memoria, y le pregunté qué opinaba. Él me dijo que le parecía auténtico, pero que iba a caer un hombre tan singular como Harold Alvarado Tenorio, pero a los 73 años el olvido es harto accesible. Pienso que el 'Prólogo' es una afortunada parodia, que debo agradecer."

La crónica de Alvarado Tenorio prendió una luz en mi

MI ESTUPOR HABÍA AUMENTADO. MI PAPÁ FUE ASESINADO EN 1987 Y LLEVABA UN POEMA DE BORGES QUE ALVARADO DECÍA HABER ESCRITO SEIS AÑOS DESPUÉS

Mientras tanto, hace poco, cayó en mis manos la crónica de otra fabulación: *De cómo escribí un prólogo de Borges*. En ella Harold Alvarado Tenorio cuenta cómo, en 1972, se inventó para uno de sus libros un supuesto prólogo de Jorge Luis Borges. La impostura la descubrió un periodista argentino, Jorge di Paola, quien ese mismo año entrevistó a Borges al respecto. Lo que contestó el maestro argentino fue elegante, como siempre: "*Los pareceres y el estilo del prólogo concuerdan con lo que yo hubiera podido escribir. Asimismo las autoridades que alega el texto corresponden a mis preferencias. También es raro que mi memoria haya dejado caer un hombre tan singular como Harold Alvarado Tenorio, pero a los 73 años el olvido es harto accesible. Pienso que el 'Prólogo' es una afortunada parodia, que debo agradecer."*

La crónica de Alvarado Tenorio prendió una luz en mi oscuridad. Busqué más a fondo en la nueva Biblioteca de Babel y encontré un texto del mismo Alvarado llamado *Cinco inéditos de Borges*. Ahí estaba el soneto, aunque con algunas variaciones frente al que yo había encontrado en el bolsillo de mi papá. Decidí hablar con Harold a como diera lugar y al fin logré conseguir su teléfono con Ignacio Ramírez, el director de Cronopios. Hablé con él y, para mi dolor, confirmó mis sospechas: "*Ese poema lo escribí yo*". Después añadió: "*Lo escribí hace más de diez años y lo publiqué por primera vez en el n.° 2 de la revista 'Número', en octubre de 1993. Como tenía unas fallas de métrica, William Ospina me lo corrigió.*"

Cuando colgué con Harold mi estupor había aumentado. Mi papá fue asesinado el 25 de agosto de 1987, y llevaba en el bolsillo un poema de Borges que Alvarado Tenorio decía haber escrito y publicado seis años después. Claro, tal vez mi memoria me estaba traicionando, y yo me había inventado, en busca de algún efecto patético, la historia de este *Epitafio* cargado en el bolsillo de un muerto. Pero no. Llamé a Colombia y pedí que me confirmaran la existencia de un artículo aparecido en noviembre de 1987 en el Magazín de *El Espectador*. El artículo, escrito por mí, se llama *Apuntes para una biografía*, y ahí transcribía el soneto que mi papá llevaba consigo. Lo encontraron, así que lo mío no era un recurso retórico ni un invento de la desmemoria. Vuelvo entonces a llamar a Harold y se lo digo, a ver si es él quien tiene algún vacío de memoria. Lo que me contesta es aún más sorprendente: "*¿Tu papá llevaba el poema antes de que el poema existiera!*"

Y además, pienso yo, en una versión mucho mejor, pues el poema será supuestamente escrito por Harold, y corregido por William Ospina, repite de un modo francamente burdo la palabra "*seremos*" en una rima del primer cuarteto, cosa que Borges no habría hecho jamás. Tal vez Alvarado Tenorio, igual a aquel Pierre Menard de Borges (que fue capaz de volver a escribir el *Quijote* letra a letra, sin copiarlo y sin distanciarse una jota del original), escribió en 1993 un soneto que Borges efectivamente había escrito en 1986, antes de morir. El nuevo autor se equivocó, solamente, en dos o tres palabras que delatan la fabricación, pero el resto del poema es auténtico. La anterior, por lo menos, es la hipótesis que tengo yo. Naturalmente, si algún bibliógrafo de Borges pudiera ayudarme, se lo sabría agradecer. ∎

«Alvarado Tenorio, autor de Borges»
Semana, No. 1.289
Enero 15 a 22 de 2007
Bogotá, Colombia

BORGES, AUTOR DE BORGES

Por Héctor Abad Faciolince

EN ENERO DE ESTE AÑO LES CONTÉ MIS DUDAS sobre un poema de Borges. Harold Alvarado Tenorio había dicho que él, y no Borges, era el autor del soneto que mi papá llevaba en el bolsillo cuando lo mataron, y que empieza con el verso *"ya somos el olvido que seremos"*. En esa columna, aunque no quería dudar de la palabra de Alvarado, dejaba abiertas algunas incógnitas.

¿Por qué, si Alvarado había publicado en *Número* esos sonetos (en total son cinco) en el año 93, mi papá lo llevaba en el bolsillo en el 87? ¿Y cómo era posible que esa versión que yo encontré fuera mejor que la de Alvarado, el supuesto autor?

William Ospina, en una hermosa columna de *Cromos*, retomó el tema, recordando la forma en que esos poemas habían llegado a *Número*. Para él, el soneto de mi historia (y los otros) eran de Borges. Decía así: *"Había fórmulas que Borges no había intentado nunca pero que sólo podían ser suyas, como decir del tiempo: 'ese alto río roe las estrellas', como esta expresión para aludir a la fatiga de la historia: 'me pesan los ejércitos de Atila', o la gracia de llamar al 'Cantar de los Cantares': 'esa flor que florece en el desierto / de la atroz Escritura'. La delicadeza de las imágenes, la unidad de entonación, las tenues variaciones de sus giros verbales, sólo podían ser de Borges".*

Alvarado Tenorio, sin embargo, en la misma *Cromos*, insistía en que los poemas eran de él: *"El soneto que supuestamente llevaba el papá es el mismo que yo hice, lo que pasa es que él escribió mal una palabra. Pienso que esa es una vaina para vender libros que Héctor Abad se ha inventado porque no creo que su papá haya visto eso por ningún lado, eso es imposible".* Yo declaré mi estupor ante esta historia, que parecía inventada por el escritor argentino, y terminaba mi artículo pidiéndoles ayuda a los especialistas en Borges.

A algunos de los más importantes les escribí. Me trataron con una displicente cortesía. Daniel Balderston, de la Universidad de Iowa, sentenció: *"No es de Borges. Es una buena imitación de Harold Alvarado con la colaboración de William Ospina".* Esta respuesta fue tan celebrada que hasta un blogger colombiano le puso *"risas enlatadas en el fondo".* Nicolás Helft, el autor de la bibliografía más completa del escritor argentino, fue incluso más tajante: *"El poema no es de Borges, visiblemente. Adjetivos borgeanos por todos lados. Referencias a publicaciones apócrifas, provenientes de lugares lejanos, tiradas pequeñas...".*

Aunque los especialistas no me ayudaron, empezaron a ayudarme algunos desconocidos que ahora son amigos.

Ella encontró que un brasileño, Charles Kiefer, había traducido y publicado el soneto de Borges. Me comuniqué con Kiefer y me aseguró que era de Borges,

ALVARADO SE HA INVENTADO EL ARTIFICIO MUY BORGESIANO DE HACER PASAR LO FALSO POR AUTÉNTICO

tomado de una publicación española. Una señora de Medellín me escribió: *"Sé de dónde tomó el poema su papá",* y me mandó una fotocopia. La respuesta estaba a mi lado: ¡El poema lo había publicado SEMANA! En esta misma revista estaba, como el de Borges, en la edición del 26 de mayo de 1987. Con este dato, una estudiante, Luza Ruiz, buscó entre los programas radiales de mi papá de aquellos días. Y recibí, como de la ultratumba, la voz de él leyendo ese poema. Los lectores virtuales de la revista lo pueden oír también, haciendo clic aquí, en la palabra Aquí. (www.semana.com)

Seguí buscando. Alguien me remitió a un verso de *Los conjurados*, el último libro publicado en vida por Borges. Ese verso dice: *"Ya somos el pasado que seremos".* En esa revista SEMANA del 87, se decía que habían tomado el poema de un librito hecho a mano por unos estudiantes de Mendoza, Argentina. Llamé a Alvarado con este nuevo dato y al fin se retractó: *"No le des más vueltas. Esos sonetos los escribió Jaime Correas, un estudiante de Mendoza, que en esa época tenía 25 años".*

Jaime Correas existe y vive en Mendoza. Es el director del periódico *Uno*. Lo llamé por teléfono, le conté la historia, quedó tan fascinado como yo. Me dijo: *"Los sonetos son de Borges y yo los publiqué en el 86, en una edición limitada de la que prácticamente nadie tiene ejemplares".* Me mandó fotos de esta edición por correo. Y también fotocopias de una revista argentina, *Somos*, que retomó los textos después de que *Diario-16*, en España, también publicara los sonetos. Allí mismo, una conocida estudiosa de Borges, Gabriela Massuh, concluye que los sonetos son auténticos.

Harold Alvarado, que se ha inventado el artificio muy borgesiano de hacer pasar por falso lo auténtico, ya no sostiene que los poemas sean suyos. Esto no demuestra, claro, que sean de Borges. Ahora él dice que no son de nadie o que son de cualquiera, menos de Borges. Aunque él no sabe de métrica (como se vio en sus versiones), dice que la prosodia no es del argentino. Yo tengo varios motivos, además de los literarios, para creer que sí son de Borges, pero para explicarlo no basta el espacio de un artículo en SEMANA. Sostengo que es auténtico este olvidado soneto de Borges sobre el olvido.

A propósito: esta semana se cumplen 20 años del asesinato de Héctor Abad Gómez. ¿Será posible que entre los miles de paramilitares desmovilizados, ninguno recuerde por qué y por orden de quién lo mataron? ∎

«Borges, autor de Borges»
Semana, No. 1.320
Agosto 20 a 27 de 2007
Bogotá, Colombia

su nombre se mencione, pero diré que se llama Bea Pina y
que vive en el centro de Finlandia, en la mitad de la nada,
en medio de la nieve y de la niebla. Ella, una epidemióloga
experta en averiguar cosas raras, dijo que quería echarme
una mano. Lo primero que le pedí, entonces, fue que
me ayudara a identificar y a entrar en contacto con los
personajes que Tenorio mencionaba en su relato. Muchos
estaban ya muertos; de otros, Bea Pina, que tiene dotes de
espía, encontró las coordenadas.

Gracias a Bea pude dar con Sara Rosenberg, y hablar
con ella. Rosenberg es una novelista y guionista de cine
argentina, que vive en Madrid. La llamé al teléfono que
Bea me consiguió, le conté la historia, y ella me dijo que
nunca se había dado cuenta de que Harold dejara unos
poemas en su casa; tampoco de que años después volviera
a encontrarlos y a recuperarlos. Me advirtió, además,
que Tenorio era mitómano. Hablé también con el poeta
venezolano Jiménez Emán. Este, en un correo, confirmó
en cambio lo que Harold me había dicho personalmente
y lo que declaró a varios periódicos colombianos: que
los poemas los había escrito él. Es más, en un correo
que me mandó, Jiménez decía recordar el momento en

el que Harold le había escrito ese soneto a María Panero, en su propia casa, enfermo de amor. Yo no le pregunté por qué le había escrito un soneto sobre la muerte y el olvido a una muchacha de la que estaba enamorado. Bea Pina, que tiene en su cabeza un detector de mentiras, me dijo que Jiménez Emán estaba inventando tanto como Tenorio, que ambos padecían de una especie de «confabulación de la memoria», que es un término psiquiátrico para definir la aparición de recuerdos de experiencias que en realidad nunca han tenido lugar. Alguien dirá que yo padezco de lo mismo, y es posible, pero no en este caso.

Harold cambiaba de versión según las fases de la luna, y con la luna llena los sonetos eran suyos, pero en menguante y creciente volvían a ser de Borges. Bea intentó también dar con el paradero de la bellísima estudiante argentina a quien Borges habría dictado los sonetos, o, según Jiménez Emán, a quien Tenorio habría escrito los sonetos. María Panero existe, efectivamente, y al parecer es una médica que ahora vive en Buenos Aires. Bea consiguió incluso desentrañar unos archivos ocultos en el Departamento de Estado: una María

Panero, no sé si la misma María Panero de Tenorio, había estado presa en Argentina, había sido torturada durante la dictadura militar, y había salido al exilio en Estados Unidos y estudiado Medicina en la Universidad de Nueva York por las mismas fechas en que Harold decía que los poemas le habían sido dictados por Borges. El embajador estadounidense en Argentina de la época se interesó personalmente en su caso, no tanto por filantropía como por el hecho de que Panero era también ciudadana americana. El embajador habló directamente con el general Viola y otros miembros de la Junta Militar. ¿Sería esta pobre muchacha presa y torturada la amiga de Harold en Nueva York? Yo creo que sí. ¿Cuántas Marías Paneros, argentinas, estudiantes de Medicina, podía haber en ese entonces en Nueva York? En todo caso nunca pude dar con ella personalmente.

Por otra parte, les escribí a algunos de los que se consideran los mayores expertos en Borges del planeta y empecé por aquellos que tenían amplios conocimientos bibliográficos de su obra. El primero fue un profesor de la Universidad de Iowa, Daniel Balderston, que dirigía allí un centro de estudios sobre Borges. Le pedí un dictamen

Córdoba,Septiembre 4 de 1978

A Su Excelencia,Sr.Embajador de los E.E.U.U.

Dr. Raúl Castro

Buenos Aires,Argentina

Estimado Sr.Embajador:

Los que suscriben,padres

de la Sta. María Susana Panero,nacida en Reading,Pa.,

U.S.A. en el año 1955,tienen el agrado de dirigirse a Su

Excelencia con el objeto de solicitarle,muy respetuosamen-

te,una entrevista.-

Motiva nuestro pedido el deseo de inte-

riorizar al Sr. Embajador sobre la situación de María Su-

sana,quien fuera detenida en Agosto de 1976 y se encuentra

actualmente a disposición del Poder Ejecutivo Nacional en

la Unidad Carcelaria de Villa Devoto,Capital Federal.-

Al agradecer desde ya la

deferente atención que Su Excelencia el Sr.Embajador pres-

te a nuestro pedido,aprovechamos la oportunidad para sa-

ludar a Ud. con atenta y distinguida consideración.-

Alicia Z.de Panero   Celestino A.Panero

Remitente:

Dr.Celestino A.Panero y Sra.

Current Class: ▓▓▓▓▓▓▓
Current Handling: n/a
Document Number: 1979BUENOS00594

Page: 1

Channel: n/a

<<<<.>>>>
▓▓▓▓▓▓▓

N 046

R

PAGE 01   BUENOS 00594   221802Z *1/22/79*
ACTION OCS-06

INFO OCT-01 ARA-11 ISO-00 /018 W
                    ------------------030274 221809Z /43
P 221709Z JAN 79
FM AMEMBASSY BUENOS AIRES
TO SECSTATE WASHDC PRIORITY 9178
▓▓▓▓▓▓▓▓▓▓▓▓ 0594

E.O. 12065: XDS 1/22/09 (CASTRO, RAUL H.) OR-M
TAGS: CARR, (PANERO, MARIA SUSANA)
SUBJ: ▓ HUMAN RIGHTS: POSSIBLE RELEASE OF SUSANA PANERO

REF: STATE 015084

1. ▓ ENTIRE TEXT)

2. RELIABLE GOA ARMY SOURCES (PROTECT) INFORMED EMB OFF MARIA
SUSANA PANERO WILL BE ORDERED OUT OF COUNTRY THUS NOT REQUIRING
GENERAL MENENDEZ' BLESSING. SUPPOSEDLY VIDELA-VIOLA'S PEOPLE
PERSONALLY WORKING ON CASE.

3. RELEASE TIME PERIOD NOT KNOWN BUT SHALL CONTINUE TO PRESS
FOR ACTION.

4. COMMENT: IN TIMES PAST GENERAL VIOLA HAS MADE KNOWN TO ME
OF GENERAL MENENDEZ' DISLIKE OF SUSANA PANERO. MENENDEZ
HAS PLACED INSURMOUNTABLE OBSTACLES TOWARDS HER RELEASE. IN
VIEW OF VIOLA'S FIRM GUARANTEE TO ME OF SUSANA'S RELEASE, IT
NOW APPEARS HE HAS TO FIND A WAY TO RELEASE PANERO, WITHOUT
MENENDEZ KNOWING ABOUT IT.
CASTRO

▓▓▓▓▓▓▓

NNN

ARGENTINA PROJECT (S200000044)
U.S. DEPT. OF STATE, A/RPS/IPS
Margaret P. Grafeld, Director
( ) Release   ( ) Excise   ( ) Deny
Exemption(s):
Declassify: ( ) In Part   (X) In Full
( ) Classify as   ( ) Extend as   ( ) Downgrade to
Date _____ Reason _____
Declassify on _____

Current Class: ▓▓▓▓▓▓

Page: 1

Current Class: ▓▓▓▓▓▓   Page: 1
Current Handling: n/a
Document Number: 1980STATE068779   3/15/80

                                                             Channel: n/a

                          Case Number: 200000044

>><<.>>>>
▓▓▓▓▓▓

PAGE 01   STATE 068779   (C066)
ORIGIN RP-10

INFO OCT-00 ARA-11 ADS 00 /021 R

DRAFTED BY RP - AVROBINSON
APPROVED BY RP - PCHICOLA
ARA/ECA - J. ANDRE (SUBS)
                    --------------007759 151136Z /21
P 150549Z MAR 80   ARGENTINA PROJECT (S200000044)
FM SECSTATE WASHDC   U.S. DEPT. OF STATE, A/RPS/IPS
TO AMEMBASSY BUENOS AIRES PRIORITY   Margaret P. Grafeld, Director
▓▓▓▓▓▓   STATE 068779   (X) Release ( ) Excise ( ) Deny
                                       Exemption(s):
                                       Declassify ( ) In Part (X) In Full
E.O. 12065:   ( ) Classify as __ ( ) Extend as __ ( ) Downgrade to __
                                       Date _____ Declassify on _____ Reason ____
AGS: SREF, CVIS, AR

SUBJECT: HEMISPHERIC PAROLE PROGRAM - ARRIVALS

1. DEPARTMENT'S RECORDS SHOW THE FOLLOWING LIST OF
INDIVIDUALS WHO WERE RELEASED FROM PRISON UNDER THE RIGHT
OF OPTION AND HAVE TRAVELLED TO THE USA:

A. PAROLED UNDER HEMISPHERIC PAROLE PROGRAM

VAZQUEZ, CLAUDIO
VELAZQUEZ COGLEY, JAVIER

B. IMMIGRANT VISA PREFERENCE CASE

DEUTSCH, LILIANA INES

C. AMERICAN CITIZENS, EXPELLED FROM ARGENTINA

PANERO, MARTA ALICIA
▓▓▓▓▓▓

PAGE 03   STATE 068779

PANERO, MARIA SUSANA

2. EMBASSY IS REQUESTED TO INFORM DEPARTMENT IF ABOVE LIST
IS ACCURATE. IF IT IS NOT, EMBASSY SHOULD MAKE NECESSARY
ADDITIONS/DELETIONS AND FORWARD THEM TO DEPARTMENT.

VANCE

Current Class: ▓▓▓▓▓▓   Page: 2

como se le pide una opinión autorizada sobre el propio cáncer a un oncólogo de fama internacional.

La respuesta fue amable y su posición tajante: «Cotejé las versiones que citas con la que publicamos en *Variaciones Borges* # 22. Lo más verosímil es que Harold haya escrito los sonetos antes del 87 y que hayan circulado de algún modo». Le respondí dándole, al menos momentáneamente, la razón: «Sí, profesor Balderston, creo que si aplicamos la navaja de Ockham, y no multiplicamos inútilmente las hipótesis, la más económica conduce otra vez a Harold Alvarado Tenorio». Uno puede conformarse, siempre, con las hipótesis más obvias (si Harold dice que el poema es suyo, el poema es de Harold), pero hasta los matemáticos dicen que muchas veces los caminos más felices para resolver un teorema no son los más fáciles, los más intuitivos y directos, sino los más estéticos, los más bonitos.

A continuación le escribí al señor Nicolás Helft, quien ha publicado la bibliografía más extensa y completa de la obra de Jorge Luis Borges. Dirigía, además, un proyecto cultural en la casa de Victoria Ocampo, la amiga de Borges y fundadora de la revista *Sur*. Yo tenía la esperanza de que en alguna parte apareciera registrado el poema, en su memoria o entre sus papeles. Le conté mi historia en un largo correo, y su respuesta, como la de Balderston, fue tajante: «El poema no es de Borges, visiblemente. El género es muy popular —poemas apócrifos, bastante bien hechos pero con fallas: mucha repetición textual de poemas anteriores, demasiado color local, adjetivos borgeanos por todos lados». Aunque no decía que fueran de Tenorio, para Helft era evidente que el soneto era apócrifo. Su carta terminaba con un pequeño gesto de humildad: decía que podía estar equivocado, que con Borges nunca se sabía bien, y que ya otras veces le había pasado.

Les escribí también a los biógrafos de Borges. Edwin Williamson, o nunca recibió mis correos o nunca me los contestó; no saqué nada en limpio de María Esther Vázquez —gran amiga de Borges y de quien el poeta estaba perdidamente enamorado cuando hizo uno de sus viajes a Colombia— ni de la amanuense de Borges durante algunos años de su vida, Viviana Aguilar, con quien la misma señora Vázquez me puso en contacto. Lo único que me dijeron, la una y la otra, cuando les recité el poema por teléfono, era que les sonaba auténticamente borgeano, aunque no lo pudieran certificar. Me respondió de inmediato el biógrafo más dedicado y el coleccionista más acucioso de Borges, Alejandro Vaccaro. Su concepto, bastante razonado e incluso razonable, en una larga carta llena de amenas anécdotas sobre falsificaciones borgeanas, no se alejó de la opinión de los demás:

> Recuerdo muy bien haber leído esos cinco sonetos y desde luego no creo que los haya escrito Borges, sino el mismo Alvarado Tenorio, que ha imitado el estilo del maestro. Cualquier buen lector de Borges podría imitar su escritura y así podrían aparecer miles de textos. De las muchas bibliografías que he consultado jamás he visto esos sonetos atribuidos a Borges y tampoco he escuchado esa apreciación de las muchas personas que conozco y que son conocedoras de la obra de Borges.

Le escribí a otro profesor prestigioso, el peruano Julio Ortega, que lleva años enseñando literatura latinoamericana en Estados Unidos y tiene una bien ganada reputación como estudioso de nuestras letras, y en especial de Borges. Este fue su veredicto:

Hermosa y entrañable historia. Lamentablemente, no son de Borges. Y lo digo sin haberlos leído completamente, solo leyendo algunos versos: «ese alto río roe las estrellas»; o como esta expresión para aludir a la fatiga de la historia: «me pesan los ejércitos de Atila», o la gracia de llamar al *Cantar de los Cantares*, «la flor que florece en el desierto / de la atroz Escritura». Copio esas líneas de tu nota para decirte que Borges no hubiera escrito «roe las estrellas». Es una mala imitación. «Me pesan los ejércitos de Atila» es igualmente paródico, es demasiado peso para un verso. Por último: jamás Borges hubiera llamado *atroz* a la Escritura.

A mí me parece que esto es propio del estilo dramático de Tenorio… Debo decir, en cambio, que el primer verso del soneto que más te interesa, «Ya somos el olvido que seremos», suena más cercano a Borges, tiene un buen ritmo acentual endecasílabo, aunque dudo que él hubiese empezado con una conclusión; más propio de él sería empezar: «Si somos el olvido que seremos…», y seguir con un planteamiento desplegado retóricamente en contrapunto barroco. Aparte de todo eso, la historia de tu padre con un poema en el bolsillo es formidable. Y mejor aún si es un poema de nadie y de todos. En ese sentido, el primer verso plenamente dice todo. Un abrazo, Julio.

La mayoría de los comentarios de Julio Ortega se referían a los otros sonetos que Tenorio había publicado en su historia del hallazgo en Nueva York. Me atreví a hacerle una pequeña consideración al profesor Ortega, y fue la siguiente: que yo, en cambio, creía que al único poeta al que podría habérsele ocurrido llamar *atroz* a la Escritura, sería al mismo Borges.

William Ospina, animado por la pequeña polémica que se desató en Colombia a raíz de mi artículo, escribió un breve ensayo en la revista *Cromos*, contando cómo habían llegado los poemas a *Número*, lo que él había pensado en un principio, la obligación que tenía de creerle a Harold ahora que decía que los poemas eran suyos, para llegar por último a esta conclusión:

Yo aventuro la hipótesis de que los poemas son de Borges aunque Harold Alvarado los haya escrito… Como dice el poema del ajedrez, no sabemos «qué Dios detrás de Dios la trama empieza». Además, ¿no ha dicho Platón

que el que escribe un poema es un amanuense, que otro
está dictándolo desde la sombra?

Muchas personas me habían aconsejado que me
dirigiera directamente a María Kodama, la viuda de
Borges, para tener un concepto autorizado y definitivo
sobre los sonetos. Por sugerencia de Gabriel Iriarte, el
editor de Planeta en Colombia, me dirigí a Alberto Díaz,
uno de los editores de Borges en el Cono Sur y amigo
personal de María Kodama. La respuesta de Díaz tardó
algunas semanas, pero al fin llegó:

Querido Héctor: Antes que nada mil disculpas por
la demora en responderte, que no se debió a mi desidia,
sino a que María Kodama estuvo fuera del país todo este
tiempo. Hoy me encontré con ella, le conté tu historia y
le entregué el artículo que sobre este tema publicaste en
la revista *Semana*. Le dio una rápida mirada y me dijo que
el soneto que llevaba tu padre el día de su asesinato era
apócrifo, como el resto de sonetos que circulan en internet
envueltos en una historia neoyorkina. Me adelantó que va a
tratar que algún periódico le haga un reportaje para hablar

LOS MISTERIOS DE UN SONETO

"Esa es una vaina para vender libro que Héctor Abad se ha inventado"

Por Harold Alvarado Tenorio

E l soneto que supuestamente llevaba el papá de Héctor Abad Faciolince es el mismo que yo hice, lo que pasa es que él le escribió mal una palabra o fue Héctor el que se la cambió. Una de dos. En todo caso el soneto está desfigurado porque debería ser como yo lo hice y así es que tiene sentido. Se llama *Cinco inéditos de Borges*, por Harold Alvarado Tenorio, y se publicó en Colombia, en la revista *Número*, así como en *La Jornada* de México, *El Diario* de Caracas y *La Hoja* de São Paulo. Es un texto totalmente apócrifo, es decir, todo es inventado y tanto la historia como los sonetos son escritos por mí. Es algo de tipo 'borgiano'. Él hacía ese tipo de cosas, hacía creer que un ensayo era un cuento o un cuento era un ensayo. Además, estaba lleno de citas falsas. La mía es una historia inventada en la cual cuento cómo Borges le dicta a una mujer argentina en Nueva York cinco sonetos que se le pierden y que recu-pero después de muchos años. Supuestamente yo los estoy

ofreciendo al mundo como una contribución a la bibliogr de Borges cuando él ha muerto. Es un típico ejercicio para vertirse, hecho con cierta argucia. Pero los sonetos tamp son míos porque los hago pasar como si fueran de Borge son escritos por mí pero no hay nada que lo pruebe. La p dia reside aquí: *Cinco inéditos de Borges*, por Harold Alvar Tenorio. Esa es la clave de todo el chanchullo.

Yo tengo un problema con la memoria porque me han cho dos operaciones de *bypass* gástrico y en ambos ca se me ha borrado. Pero calculo que escribí la historia en el año 86-87, a raíz de la muerte de Borges (14 de ju de 1986). Cuando lo hice debía estar acá en Colombia toy seguro. Lo hice en el barrio La Nueva Santa Fe, des de la muerte de Borges, cuando todo el mundo princip sacar cosas que tenía guardadas de él. Yo mandaba si pre a los periódicos esas cosas que hacía. Los manda *La Patria*, *El Colombiano*, *Diario del Caribe*, *El País* de y creo que también a *El Tiempo*. En esa época no exist internet y yo enviaba siempre por correo a posibles re res. Hay muchas cosas mías que se publican en muchís sitios y no me entero.

Posteriormente, en la revista *Número* (en su segundo e plar) salió publicado en 1993, quién sabe por qué motivo tampoco me acuerdo. Todos han sabido desde que salier sonetos que yo los hice, tanto lo sabrán que en la versi internet de esta revista (señala *Número*) no aparece el ar lo porque tienen miedo de que María Kodama les cobr ta. Ella es implacable con los derechos de autor. ¿Y a mí nunca me ha dicho nada? Yo le acabo de hacer una entre hace tres meses en Buenos Aires, la publicaron en *El Tie* tres veces en mi vida. No hemos tocado el tema de los son en esas no me meto, yo qué me voy a poner a hurgarle ese si no, tampoco. No le voy a decir nada si no se acuerda. qué se va a acordar y qué le va a parar bolas. Lo cierto e

«Los misterios de un soneto» por
William Ospina y Harold Alvarado Tenorio
Cromos, No. 4.637
Enero 22 de 2007
Bogotá, Colombia

"muchas veces con Borges. Lo vi por primera vez en Islandia y allí me hice una foto con él".

las obras completas de Borges en ninguna parte aparecen sonetos. ¿Por qué no los iban a poner si eran de él?

o estuve muchas veces con Borges. Lo conocí, he es- dos tesis sobre él, tengo fotos con él, hablé con . Lo vi por primera vez en Islandia y allí me hice una o con él. Después estuvimos cuatro veces más. Eso porque yo había hecho un falso prólogo sobre uno mis libros y a él le habían ido a preguntar a Buenos es. Publicaron en una revista argentina que no se ordaba si lo había escrito o no, nunca negó el prólogo. y un rollo con todo eso. Es una vaina que he hecho ra divertirme, para mamarles gallo a los 'borgianos' ra demostrarles que no saben quién es Borges por- e yo hago todos esos sonetos y todo el mundo dice e parecen de él.

Y o me enteré de todo esto porque es Héctor Abad el que me llama por teléfono desde Ber- lín a hablarme del soneto y yo le digo "sí, ese soneto lo hice yo". Me llamó hará ocho días. Aquí a mi casa vino hace un año un señor que se llama Daniel Balderston, es el direc- del Centro Borges que queda en Iowa City, en la Uni- rsidad de Iowa. Es el más grande centro de escritos bre Jorge Luis Borges. Él vino aquí a preguntarme la sma historia y a que yo le autorizara para colgar en la l, es decir en el servicio de internet de ese centro Bor- , esos textos porque por supuesto no están en ningu- de las obras de Borges, en ninguno de los idiomas ni ría Kodama tampoco los tiene porque no los conoce. hago las cosas, las construyo, soy medio habiloso ra eso. No tengo memoria para recordar todos los ver- que yo hago, ni las líneas.

éctor ha sido amigo mío, lo conozco hace muchos años, o casi no lo veo. Es posible que yo le haya mandado

a él estas cosas también por correo. Es absolutamente po- sible. Ellos sabían que esos sonetos eran míos. Lo confuso es cómo llega al bolsillo de Héctor Abad Gómez. Para que lo tuviera en el bolsillo debió ser que publicaron o los sone- tos solos o todo el texto en el dominical de *El Colombiano* o en *El Mundo*. El papá de Héctor Abad no leía periodis- tas de otras partes, eso tuvo que haber sido en Medellín. Acabo de recordar que yo escribía en esos años en el suple- mento semanal de *El Mundo*. Habían podido sacar los sonetos y publicarlos como de Borges tranquilamente. Como yo decía que eran inéditos, pudo ser que los pusie- ron y declararon que yo se los había mandado.

Pienso que esa es una vaina para vender libros que Héc- tor Abad se ha inventado porque no creo que el papá haya visto eso por algún lado, eso es imposible. Él encuentra la línea, puso la línea en el poema y quién sabe por qué ha pensado que yo puedo decir algo o que me voy a bur- lar de él. Yo también tengo fama de eso, que cojo a la gen- te en un truco y le acomodo una vaina infame y me burlo de ellos. Para mí que es un recurso de Héctor porque no tengo evidencias de que publicaran eso. Todas las prue- bas son de que se publicó después. No tengo un papel en el que me muestren que las sacaron antes.

Existen esas dos posibilidades. Ahora, cómo hacemos nosotros para probar que el señor llevaba eso en el bol- sillo. Hay que creerle a Héctor. Nadie vio el documento. Es nuestra evidencia contra lo que él dice porque si él tu- viera una prueba cierta la sacaba, nos mostraba el papel o daba la fecha de la publicación pero yo no sé nada de eso. Tan es así que en su columna no dice nada, hace un mon- tón de conjeturas. Me molesta un poco el artículo porque me la quieren montar con el cuento de que yo soy un fal- sificador. Eso forma parte de mi carrera literaria pero en Colombia a la gente la cogen por los vicios, entonces aho- ra soy un falsificador. ◼

El olvido que seremos

*¿Cuál de los dos escribe este poema
De un yo plural y de una sola sombra?
¿Qué importa la palabra que me nombra
Si es indiviso y uno el anatema?*

Borges, Poema de los dones

**Por William
Ospina**

He sido lector de las obras de Borges durante treinta años. Hubo una época en la que podía decir sin vanidad que conocía de memoria todos sus poemas; ahora, "el tiempo irreversible que nos hiere y que huye", se ha llevado muchos. Creo estar suficientemente familiarizado con su tono, con las alusiones no evidentes que manejan sus versos. Sé que le gustaba tejer variaciones sobre los temas de la biblioteca infinita, del fluir incesante del tiempo, de la abrumadora acumulación del pasado, de los relojes de agua y de arena, de las feroces mitologías de los primitivos sajones, de los trabajos de Homero y de Hesíodo, de lo inagotable del universo, de la posibilidad de que lo que llamamos universo sea un laberinto similar al de Creta, un monstruoso palacio centrado por una criatura monstruosa.

Tal vez por eso, hace trece años, mis amigos de la revista *Número* me llamaron para que leyera unos sonetos inéditos de Borges que les había entregado Harold Alvarado Tenorio, acompañados de un texto donde contaba cómo habían llegado a sus manos. Habían pasado siete años desde la muerte del poeta y todos los días aparecían textos desconocidos, sobre t... sus colaboraciones en prosa para revistas argentinas de los a... treinta y cuarenta, y hasta libros que después de publicar una... había condenado, como *El tamaño de mi esperanza*. Conoc... res del precedente de que Harold había escrito un prólogo e... estilo de Borges para su primer libro, los editores querían es... seguros de que no se trataba de unos poemas apócrifos, de ... nueva travesura del poeta colombiano.

Experimenté al leerlos el mismo deleite que he sentido siem... leyendo a Borges, esa combinación de perplejidad y de gratitud... produce ver al maestro encontrando maneras desconocidas... manejar sus viejos temas, la delicadeza de las imágenes, la un... de entonación, las tenues variaciones de sus giros verbales... bía fórmulas que Borges no había intentado nunca pero que... podían ser suyas, como "el eco de una luz en los cristales", ... decir del tiempo: "ese alto río roe las estrellas", como esta ex... sión para aludir a la fatiga de la historia: "me pesan los ejércit... Atila", o esta rima afortunada e inédita: "la secreta / alondra ... noche de Julieta", o este verso muy suyo: "la Enciclopedia que... brinda ayeres", o la gracia de llamar al *Cantar de los Cantares*... flor que florece en el desierto / de la atroz Escritura", o esa de... za en la descripción del acto sangriento de Teseo sobre el m... tauro: "La espada lo ha alcanzado / y lo alcanza otra vez".

Desde el primer momento tuve la convicción de que los p... mas eran de Borges, aunque por algunos mínimos errore... la medida de los versos y en la disposición de las rimas, ...

HÉCTOR ABAD GÓMEZ
(defensor de los derechos
humanos, asesinado en
1987) con su hijo Héctor.

día pensar que fueran poemas terminados sino borra-
es muy avanzados, muy cercanos a la versión definitiva.
pía más: el texto de Harold Alvarado explicaba elocuen-
ente cómo había obtenido los poemas y era además en sí
rónica apasionante de un día de Borges en Nueva York,
pañado por Harold, antes de dar su conferencia en Co-
bia University.
 difícil imitar a Julio Flórez o a Eduardo Carranza, pero
ar a Borges resulta casi imposible. Precisamente porque
o tan buen poeta, sus versos sólo son convincentes si
n llenos de hallazgos poéticos, de giros afortunados, de
ono inconfundible que según él es la poesía. Un imitador
tro podría hacer pastiches a la sombra de Borges, pero
cilmente alcanzar ese equilibrio de la entonación, de la
lición, del sentimiento, de la fantasmagoría, del pensa-
nto, que caracteriza sus poemas. No es fácil que la mera
reza imite satisfactoriamente al genio.
puse a Guillermo González, Ana Cristina Mejía y Liliana
z, del consejo editorial de Número, pequeñas modificacio-
que era fácil deducir, porque evidentemente correspondían
ores de trascripción y no de concepción de los poemas, y
edí que las consultaran con Alvarado. La revista estaba a
o de cerrar su edición, y por aquellos días Harold estaba
ando a sus amigos venezolanos, de modo que no fue posi-
aber si andaba con Juan Sánchez Peláez en Caracas, o con
Barroeta en los páramos de Mérida. Los editores asumie-
l riesgo de publicar los poemas con las dos o tres mínimas
aciones que yo les sugerí, y sólo tiempo después Alvarado
ijo en una fiesta que poemas no eran de Borges, que él
no los había escrito después de su convalecencia por "de-
m tremens" en un hospital de Nueva York.
echo, perdido hasta ahora en los anaqueles de hace tre-
os, ha vuelto a la luz con motivo de la publicación del ne-
rio y hermoso libro de Héctor Abad Faciolince El olvido
eremos, pero agravado por un elemento nuevo. Según
velista, su padre llevaba uno de los supuestos poemas
rges copiado en su bolsillo, el día en que fue asesinado.
olo es inquietante que el poema trate precisamente de la
te y declare la convicción de que seremos polvo y olvi-

do: Héctor Abad Gómez fue asesinado el 25 de agosto de 1987
(el día anterior Borges habría cumplido 88 años), y el poema
sólo fue publicado por la revista Número en 1993.
  Un poema no puede preexistir seis años a la fecha de su redacción. ¿Dónde pudo haberlo obtenido el doctor Abad años antes
de que Harold lo escribiera? Una primera hipótesis se impone:
el poema es de Borges, quien había muerto el año anterior. El
tema no le era ajeno: en alguno de sus sonetos había dicho: "Pien-
sa de algún modo ya estás muerto". Sin embargo, el poema
no aparece en sus libros clásicos, ni tampoco en los dos últimos
Los conjurados y Atlas. Y quienes manejan sus manuscritos no
han dicho nada en estos trece años sobre esos poemas.

H éctor asegura haber citado el poema completo en un artículo sobre la muerte de su padre
en el Magazín Dominical de El Espectador,
en noviembre de 1987, por lo que esa sería la
primera publicación comprobable del texto.
Cómo había llegado a manos del doctor Héc-
tor Abad, y cómo sintió éste en él una vaga prefiguración de
su propia tragedia, de tal modo que lo copió para llevarlo
consigo a la muerte, son cosas que tenemos derecho a igno-
rar. Tal vez el otro misterio sí reclama ser dilucidado: cómo
pudo Harold Alvarado escribir cinco poemas que, estoy seguro, Borges no habría rechazado como suyos. Harold mismo ha declarado no ser diestro en metros y en rimas: pero
los sonetos que atribuyó a Borges (el soneto es una ardua estructura), son en ese sentido casi intachables.
  Yo aventuro la hipótesis de que los poemas son de Borges
aunque Harold Alvarado los haya escrito. Nadie como Borges
sabía que el alma de un maestro puede entrar en un discípu-
lo para confortarlo o ayudarlo, y la convalecencia solitaria en
un hospital de Nueva York es harto adecuada para esa visita.
Como dice el poema del ajedrez, no sabemos "qué Dios detrás
de Dios la trama empieza". Además, ¿no ha dicho Platón que el
que escribe un poema es un amanuense, que otro está dictándolo desde la sombra? Yo sé que cuesta atribuirle a Harold Alvarado, tan terrenal y tan descreído, esa condición de médium
poético, pero los caminos de Dios son inescrutables. ›

exclusivamente de los poemas apócrifos, para terminar de una vez por todas con este tema. María Kodama *dixit*. Me hubiera gustado que la respuesta de María fuera otra, pero es esta. Esto es todo. Un fuerte abrazo, Alberto Díaz.

«María Kodama *dixit*». Esta frase era como el martillazo final de un juez al dictar su veredicto, como la última palabra del Papa en un asunto doctrinario. Pero no solo ella: Balderston, Helft, Ortega, Vaccaro, todos daban el mismo dictamen. El soneto del bolsillo, y los otros cuatro publicados por Tenorio como dictados por Borges, no eran de Borges, sino del poeta colombiano, tal como el mismo Tenorio me lo había repetido varias veces. Si yo no me daba aún por vencido era simplemente por una inconsistencia de fechas, que Tenorio atribuía a amnesias suyas, y porque me parecía absurdo que la versión de quien decía haber escrito el soneto tuviera fallas y fuera menos buena que la versión que mi padre llevaba en el bolsillo. O tal vez no quería desprenderme todavía de una fe en la que había creído durante muchos años: que era Borges el creador del poema.

En ese momento era más fácil rendirse, olvidarse del asunto y darles la razón a los expertos. Yo no veía ningún camino para esclarecer el enigma, pero me puse terco: quería luchar contra el olvido y contra la negación de ese poema, de esos poemas. La única persona que me acompañaba, algo insensatamente, en esa convicción casi religiosa, sin pruebas, de que el soneto era de Borges era Bea Pina. Cansada de buscar infructuosamente datos en español, en bibliotecas inglesas y en la red, Bea se había concentrado ahora en otras lenguas (inglés, francés, italiano) y había hecho un hallazgo en portugués, ingresando posibles traducciones de los versos según la versión de mi padre.

Se trataba de un soneto titulado «Aqui. Hoje.» y publicado en dos blogs independientes. En ambos la traducción se atribuía a un tal Charles Kiefer, quien había publicado el soneto en su versión portuguesa en un libro llamado *Museu de coisas insignificantes* (1994). Ese mismo día Bea, confirmando sus buenas dotes de investigadora, averiguó quién era este Charles Kiefer («escritor y traductor brasileño, que además hizo su tesis de doctorado en Borges»), y encontró en algún lado su correo electrónico personal. Yo le escribí a Kiefer de inmediato y al cabo de pocas horas recibí la siguiente respuesta:

Caro Héctor,

Perdóname lo malo español. La trama hace lembrar los contos de Borges!

No sé se lo sabes pero soy escritor también. E por ser escritor, em 1987 viví em Iowa City, EUA, no International Writing Program, dirigido entonces por lo poeta norteamericano Paul Engels. En lo IWP conocí a um poeta español lhamado Luis Javier Moreno, que nunca más he visto. Luis me dió uma fotocópia de um suplemiento literário de Espana que había publicado los 5 poemas de Borges. (Tengo una sala com muchos documentos. Vou tratar de encontrarlo, para te decir con certeza dónde y quando se lo publicó). Al regresar al Brasil, traté de traducir los poemas. Yo estudio Borges, ya he escrito dos libros sobre ele. Por lo que conozco del estilo de Borges, puedo asegurarle que los poemas son de Borges. Pero también nunca los he visto em libro. Sí, creo que sea efectivamente uma parodia de Borges hecha por lo mismo Borges, ese mago de las invenciones literárias.

Yo tengo um viejo *address* de Luis J. Moreno: Avenida de Juan Carlos I, 14 (Cuarto andar) 40004, Segovia

Espanha (fone: 911 422336. Pero esto es de 1987! Abrazo, Charles Kiefer.

El hallazgo brasileño revivía mi asombro y mi esperanza. Un suplemento español que yo no conocía, «Aqui. Hoje.», es decir, «Aquí. Hoy.». Había algo extraño y elocuente en ese título. «Aquí. Hoy.». El presente absoluto, la situación en que estoy, tanto en la geografía como en el tiempo, lo que niega el pasado y el futuro y también la memoria y la profecía. Aquí, hoy, el presente continuo, la negación del olvido, *hic et nunc*. Esas dos palabras separadas por un punto activaban además un lejanísimo destello de luz en mi frágil memoria. No me parecía estar leyéndolas por primera vez.

Bea Pina estuvo intentando durante semanas entrar en contacto con el poeta español Luis Javier Moreno, primero en las direcciones dadas por Kiefer (ya no vivía allí) y luego a través de sitios de internet donde aparecía mencionado su nombre. Gracias a la redacción de una revista española nos enteramos de que este vivía bastante retirado del mundo, que no tenía correo electrónico ni quería recibir llamadas telefónicas de desconocidos. Los de la revista,

Museu de coisas insignificantes de Charles Kiefer
Mercado Aberto
1994
Porto Alegre, Brasil

Aqui. Hoje.

Já somos o esquecimento que seremos.
A poeira elementar que nos ignora
e que foi o ruivo Adão e que é agora
todos os homens e que não veremos.
Já somos na tumba as duas datas
do princípio e do término, o esquife,
a obscena corrupção e a mortalha,
os ritos de morte e as elegias.
Não sou insensato que se aferra
ao mágico sonido de teu nome:
penso com esperança naquele homem
que não saberá que fui sobre a Terra.
Embaixo do indiferente azul do céu
esta meditação é um consolo.

en todo caso, le hicieron llegar la inquietud de Bea Pina,
pero el poeta Moreno no se acordaba de Charles Kiefer y
mucho menos de haberle entregado unos poemas inéditos
de Borges. Así es la memoria: lo que uno recuerda, otro
lo olvida, lo que es importante para uno, para otro carece
de importancia y lo borra para siempre, llegándolo a
negar aunque le haya ocurrido. Kiefer tampoco pudo
encontrar por ningún lado el suplemento literario español.
Las vivencias se olvidan, las cosas se pierden. Era tal mi
desconsuelo que hasta le escribí a Bea que no me ayudara
tanto pues sentía que estaba abusando de su tiempo: «tú ya
has hecho por mí, en esta búsqueda, mucho más de lo que
cualquiera pudiera esperarse. Has hecho más de la cuenta.
Descansa. En estos días estoy por creer que el soneto no
es de Borges ni de Alvarado, sino de un tercero, buen
parodista. Tal vez un día lo encontremos».

Estando en la mitad de este desierto me cayó del cielo
otra aliada en Medellín. Yo tengo allá, en el centro, con un
grupo de amigos, una pequeña librería de viejo, Palinuro.
Pues a Palinuro llegó una tarde una señora, Tita Botero,
diciendo: «Yo sé de dónde copió el doctor Abad el poema
que llevaba en el bolsillo cuando lo mataron», y sacó un

viejo recorte de prensa, amarillento después de que su
marido lo hubiera puesto a hibernar dentro de un libro
de Borges durante casi veinte años. Era una página de la
revista *Semana*, del 26 de mayo de 1987, y consistía en una
nota de introducción, una foto de Borges en el centro y
abajo dos sonetos.

La nota con que *Semana* introducía los sonetos decía
así:

Acaba de aparecer en Argentina un «librito», hecho
a mano, de 300 copias para distribuir entre amigos. El
cuaderno —para darle el nombre que se merece— fue
publicado por Ediciones Anónimas[*] y en   [*] Después me enteraría
él hay cinco poemas de Jorge Luis Borges,   de que el verdadero
                                               nombre era Ediciones
inéditos todos y, posiblemente, los últimos   Anónimos.
que escribió en vida. Cuando Borges murió, hacía un año
se había publicado su último libro, *Los conjurados*, y ahora,
casi un año después de su muerte, se publica este cuaderno
por un grupo de estudiantes de Mendoza, Argentina, que
tienen toda la credibilidad y el respeto para obligarse a decir
la verdad. Aquí reproducimos dos de esos cinco últimos
poemas de Borges.

Lo último de Borges

Todavía no se cumple un año de la muerte de Jorge Luis Borges y ya han comenzado en todo el mundo las conmemoraciones. En Bogotá, por ejemplo, a manera de recuerdo se programó un ciclo de cine basado en la obra del escritor argentino. Primero fue en el Museo de Arte Moderno (hasta este miércoles 27 de mayo) y posteriormente en el revitalizado teatro La Castellana, convertido ahora en una estupenda cinemateca. En este último escenario las películas borgianas estarán hasta el primero de junio.

Pero, además de cine, acaba de aparecer en Argentina un "librito", hecho a mano, de 300 copias para distribuir entre amigos. El cuaderno —para darle el nombre que merece— fue publicado por Ediciones Anónimas y en él hay cinco poemas de Jorge Luis Borges, inéditos todos y, posiblemente, los últimos que escribió en vida. Cuando Borges murió hacía un año se había publicado su último libro —"Los Conjurados"— y ahora, casi un año después de su muerte, se publica este cuaderno por un grupo de estudiantes de Mendoza, Argentina, que tienen toda la credibilidad y el respeto para obligarse a decir la verdad. Aquí reproducimos dos de esos cinco últimos poemas de Borges:

Gratitudes

¡Cuántas hermosas cosas! Los confines de la aurora del Ganges, la secreta alondra de la noche de Julieta. El pasado está hecho de jardines. Los amantes, las naves, la curiosa enciclopedia que nos brinda ayeres, los ángeles del gnóstico, los seres que soñó Blake, el ajedrez, la rosa, el Cantar de Cantares del hebreo, esa flor que florece en el desierto de la atroz Escritura, el mar abierto del álgebra y las formas de Proteo. Quedan tantas estrellas todavía; suspendo aquí mi vana astronomía.

Aquí. Hoy.

Ya somos el olvido que seremos. El polvo elemental que nos ignora y que fue el rojo Adán y que es ahora todos los hombres, y que no veremos. Ya somos en la tumba las dos fechas del principio y del término, la caja, la obscena corrupción y la mortaja, los ritos de la muerte y las endechas. No soy el insensato que se aferra al mágico sonido de su nombre; pienso con esperanza en aquel hombre que no sabrá que fui sobre la tierra. Bajo el indiferente azul del cielo. Esta meditación es un consuelo.

12

«Lo último de Borges»
Semana, No. 264
Mayo 26 de 1987
Bogotá, Colombia

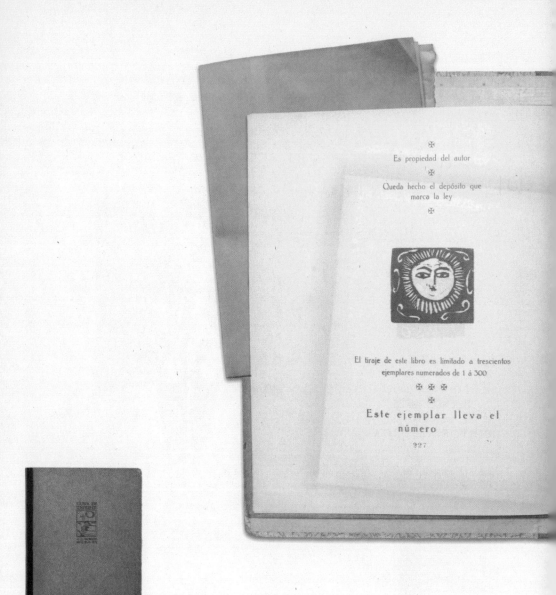

✠
Es propiedad del autor
✠
Queda hecho el depósito que
marca la ley
✠

El tiraje de este libro es limitado a trescientos
ejemplares numerados de 1 á 300
✠ ✠
✠
Este ejemplar lleva el
número
227

Luna de enfrente. Versos de Jorje Luis Borges [sic]
Editorial Proa
MCMXXV
Buenos Aires, Argentina

INDICE DE LAS POESIAS

¿Decía la verdad esta nota de *Semana* o era víctima del invento de alguien más? La revista es y siempre ha sido seria; el primer aniversario de la muerte de Borges sería un mes después, el 14 de junio del 87... Pero los datos que traía eran tan raros, tan nebulosos. Una ciudad, Mendoza, que para mí era poco más que una región donde se producía buen vino; unos estudiantes, con lo dados a la fabulación que son los estudiantes, los cuales publican un cuaderno en unas «Ediciones Anónimas». Uno diría que con ese nombre los poemas deberían ser más bien anónimos, o si mucho apócrifos, no de Borges.

Fuera como fuera, el segundo soneto publicado era el que mi padre llevaba en el bolsillo (en la versión buena, no en la incorrecta de Tenorio), y casi seguramente era de esta revista, a la que estaba suscrito, de donde lo había copiado él. El título, además, era el mismo que tenía en la traducción de las publicaciones brasileñas descubiertas por Bea Pina: «Aquí. Hoy.».

Le escribí a Luza Ruiz, la estudiante que me ayudaba a rastrear documentos en Medellín y que venía buscando en todos los suplementos literarios posibles la posible publicación inicial del soneto. Le dije que dejara de buscar, pues la fuente más probable, casi segura, de mi padre era esa revista *Semana* que había publicado el poema tres meses antes del asesinato. Luza contestó compungida y alegre al mismo tiempo. Se sentía una inútil por no haber encontrado ella la fuente, pero contenta porque ahí parecía estar, muy probablemente, la solución de uno de los enigmas.

A los dos días Luza pudo desquitarse con un regalo muy valioso para mí: había encontrado la prueba inequívoca de que esa página de *Semana* era la fuente de donde mi papá había tomado el soneto. Él había tenido durante más de diez años un programa semanal de radio en la emisora de la Universidad de Antioquia, en el que se ocupaba de temas de actualidad. El programa, *Pensando en voz alta*, se grababa los viernes y salía al aire todos los domingos por la mañana, con repetición los lunes por la noche. Y bien, al finalizar el programa de la semana siguiente a la publicación del soneto en la revista, mi padre había leído al aire los dos poemas. Luza me mandaba la grabación.

Hacía casi veinte años que yo no oía la voz de mi padre. De un momento a otro, con la magia de las grabaciones y de internet, una lluviosa tarde de primavera en Berlín, recibí como del más allá, como de ultratumba, la voz de mi padre recitando ese soneto que pocas semanas después copiaría a mano y se echaría en el bolsillo. Hay un pedazo de un soneto de Borges sobre su propio padre que debo citar en este momento: «La mojada/ tarde me trae la voz, la voz deseada,/ de mi padre que vuelve y que no ha muerto». Varias veces aspiró Borges al milagro de volver a escuchar, así fuera por un instante, la voz de su padre. Recuperar esa voz, según él, sería la más alta negación del olvido.

Otro poema de Borges, el soneto del bolsillo, me había concedido a mí el milagro de volver a oír, nítida, la olvidada voz de mi padre. Si les da curiosidad oír el timbre de esa voz resucitada, recitando el poema, pueden buscarla en la red en esta dirección: http://hectorabadgomez.org/hector-abad-gomez/archivo-sonoro/

Con este nuevo dato volví a escribirle a Tenorio, le dije que sabía con seguridad de dónde había copiado mi padre el soneto. Le pregunté si él mismo podría haberle entregado estos sonetos, supuestamente escritos por él, veinte años antes, a la revista *Semana*. Le hablé de lo que ahí decía sobre los estudiantes de Mendoza. Me contestó lo siguiente, en un correo electrónico:

Para que no le des más vueltas, quien me hizo conocer las primeras versiones de esos sonetos fue quien los inventó, Jaime Correas, que entonces tenía veinticinco años y los hizo en Mendoza, como dicen los de *Semana*, en un libro de confección casera con tapas de cartón y escrito a máquina y en fotocopia y anillado con plástico. Escríbele a él y que te cuente el resto. No te revelo más secretos porque nunca Correas ha querido reconocer que intervino en ello. Solo los borgeanos duros sabemos el ajo.

Yo no sabía quién era Jaime Correas, pero una vez más Tenorio me soltaba un trozo de información mezclada con pedazos de mentira, pues ya se verá que Correas no había propiamente «inventado» los poemas ni se había visto jamás, hasta ese momento, con el poeta colombiano. Bea Pina tardó un poco más de lo habitual para dar con el paradero de Jaime, por lo corriente de su nombre. Al fin pudo averiguar datos más precisos sobre él, y su teléfono. El estudiante de Mendoza de hacía veinte años era ahora el director del *Diario UNO*, en su ciudad. Era casi verano en Berlín, casi invierno en Argentina, y yo llamé por teléfono a Jaime Correas.

Jaime no tenía ni idea de quién era yo; yo no tenía ni idea de quién era Jaime. Ante todo le pedí que no creyera que yo estaba loco, después le conté brevemente la historia del poema en el bolsillo. Le pregunté, al final, si él había escrito los poemas, como decía Tenorio, y quién los había publicado y por qué y dónde. Jaime me dijo que no, que él no los había escrito, que las circunstancias de su publicación eran una vieja historia, larga y compleja, pero que, si tenía un poco de paciencia, me la iba a contar. Que esperara un correo suyo.

Jaime me tuvo en ascuas durante días que en mi recuerdo son semanas que parecen meses. Al fin, su respuesta me llegó a Berlín cuando en mi reloj el día 23 de agosto del año 2007 pasaba al 24. Las coincidencias en esta vida casi nunca son perfectas, pero cuando casi lo son, nos lo parecen. El 24 de agosto no es exactamente la fecha del asesinato de mi padre; es un día antes. Pero el 24 de agosto sí es la fecha del nacimiento de Borges, y también del nacimiento de mi hijo Simón. Es una coincidencia imperfecta, ya lo sé, a la que le faltaron pocos minutos para ser perfecta, pero es una bonita coincidencia.

Pues bien, en esa carta para mí memorable, Jaime
Correas le quitó casi todos los velos al origen del soneto.
Los datos eran los que siguen a continuación; después
a mí solo me quedaría verificarlos, cerciorarme de que
Jaime, a diferencia de otros, no me estaba mintiendo. La
carta decía así:

Los sonetos fueron dados en mano por Borges a
Franca Beer, una italiana que vivió en Mendoza. Ella está
casada con un gran pintor argentino, Guillermo Roux.
Ambos, junto al poeta galo Jean-Dominique Rey fueron
a visitar a Borges. Roux hizo unos dibujos de él mientras
el francés lo entrevistaba. Al final de la entrevista, Rey le
pidió a Borges unos poemas inéditos. Borges le dijo que
se los daría al día siguiente, para lo cual Franca volvió
sola al otro día. Borges le dijo que abriera un cajón y que
sacara unos poemas que allí había. Ella los tomó, hicieron
copias y se los dio. Eran seis. Este detalle es importante
porque al grupo de estudiantes mendocinos le llegaron
seis. Franca conoce acá a un personaje adorable, que hoy
está viejito, pero vivo, llamado Coco Romairone. Él se
los hizo llegar a uno de mis compañeros. Yo los estudié

y comprobé que uno estaba publicado en *La Cifra*,
con lo cual quedaron los otros cinco, que son los que
publicamos. Pero hay más, Rey los tradujo al francés y los
publicó con los dibujos de Roux en Francia en su revista.
Franca dice que hicieron gestiones, muerto Borges, para
hacer una carpeta con los dibujos y los poemas bilingües,
pero nunca tuvieron respuesta de Kodama.

En sus días de estudiante Jaime publicaba en
Mendoza, con unos amigos, unos pequeños libros de
poesía. Ellos habían tomado de no sé dónde una idea
vanguardista que defendía la siguiente tesis: la literatura
no debía tener autor, debía ser anónima. Y por eso sus
pequeñas ediciones fotocopiadas se llamaban Ediciones
Anónimos. Todos los folletos publicados antes del
dedicado a Borges los habían hecho así, sin nombre, sin
firma, sin autores. Todos los participantes aportaban
alguna composición, pero ninguno de ellos las firmaba.
Con Borges se traicionaron y publicaron los cinco poemas
con el nombre del autor sobre la tapa. Al final del prólogo
(porque el cuaderno no tiene pie de imprenta) aparece
la fecha aproximada de publicación: «Mendoza, 13 de

AQUI, HOY.

Ya somos el olvido que seremos.
El polvo elemental que nos ignora
y que fue el rojo Adán y que es ahora
todos los hombres y que no veremos.
Ya somos en la tumba las dos fechas
del principio y del término, la caja
la obcena corrupción y la mortaja,
los ritos de la muerte y las endechas.
No soy el insensato que se aferra
al mágico sonido de su nombre;
pienso con esperanza en aquel hombre
que no sabrá que fui sobre la tierra.
Bajo el indiferente azul del cielo.
Esta meditación es un consuelo.

                                    J.L. Borges

EL TESTIGO

Desde su sueño el hombre ve al gigante
de un sueño que soñado fue en Bretaña
y apresta el corazón para la hazaña
y le clava la espuela a Rocinante.
El viento hace girar las laboriosas
aspas que el hombre gris ha acometido.
Rueda el rocín; la lanza se ha partido
y es una cosa más entre las cosas.
Yace en la tierra el hombre de armadura;
lo ve caer el hijo de un vecino,
que no sabrá el final de la aventura
y que a las Indias llevará el destino.
Perdido en el confín de otra llanura
pensará si fue un sueño el del molino.

MEJÍCO 564

(antigua dirección de la Biblioteca Nacional)

Los órdenes de libros guardan fieles
en la anta noche el sitio prefijado.
El último volumen ha ocupado
el hueco que dejó en los anaqueles.
Nadie en la vasta casa. Ni siquiera
el eco de una luz en los cristales
ni desde la penumbra los casuales
pasos de vaga gente por la acera.
Y sin embargo hay algo que atraviesa
lo sólido, el metal, las galerías,
las firmes cosas, las alegorías;
el invisible tiempo que no cesa,
que no cesa y que apenas deja huellas.
Ese alto río roe las estrellas.

GRATITUDES

¡Cuántas hermosas! los confines
de la aurora del Ganges, la secreta
alondra de la noche de Julieta.
El pasado está hecho de jardines.
Los amantes, las naves, la curiosa
enciclopedia que nos brinda ayeres,
los ángeles del gnóstico, los seres
que soñó Blake, el ajedrez, la rosa,
el Cantar de los Cantares del hebreo,
esa flor que florece en el desierto
de la atroz Escritura, el mar abierto
del álgebra y las formas de Proteo.
Quedan tantas maravillas todavía;
suspendo aquí mi vana astronomía.

MEJICO 564
(antigua dirección de la Biblioteca Nacional)
Los órdenes de libros guardan fieles
en la alta noche el sitio prefijado.
El último volumen ha ocupado
el hueco que dejó en los anaqueles.
Nadie en la vasta casa. Ni siquiera
el eco de una luz en los cristales
ni desde la penumbra los casuales
pasos de vaga gente por la acera.
Y sin embargo hay algo que atraviesa
lo sólido, el metal, las galerías,
las firmes cosas, las alegorías;
el invisible tiempo que no cesa,
que no cesa y que apenas deja huellas.
Ese alto río roe las estrellas.

                                    J.L.Borges

5) El Minotauro

Encorvados los hombros, abrumado
por su testa de toro, el vacilante
Minotauro se arrastra por su errante
laberinto. La espada lo ha alcanzado
y lo alcanza otra vez. Quien le dió muerte
no se atreve a mirar al que fue toro
y hombre mortal, en un ayer sonoro
de hexámetros y escudos y del fuerte
batallar de los héroes. Ilusoria
fue tu aventura, trágico Teseo.
de la biforme sombra la memoria
no han borrado las aguas del Leteo.
Sobre los siglos y las vanas millas
ésta de horror a nuestras pesadillas.

                                    J.L.B.

setiembre de 1986». Borges había muerto tres meses antes, el 14 de junio de ese mismo año. Pese a su nombre en las tapas de esta sencilla edición, era un destino, quizá, que esos poemas siguieran siendo vistos como anónimos, como apócrifos, casi como falsos, aunque no lo fueran. De algún modo esto también era un deseo que Borges expresó muchas veces: ser el autor de algo era un azar, no un mérito. El espíritu sopla donde quiere, en el oído de un genio, pero también en la oreja de un imbécil.

Permítanme una breve digresión sobre el tema de la autoría en la literatura y en general en el arte. Desde un punto de vista cósmico, o pensando en la literatura como un fenómeno abstracto y colectivo, es cierto que la autoría de una obra artística no es lo más importante, o incluso que es un detalle prescindible, casi casual. Además el arte, durante milenios, careció de autor. Sin embargo, nuestra época nos ha dado la superstición de creer que el autor es importante: tendemos a confundir autor con autoridad y nombre con renombre. Hoy somos así. Un cuadro anónimo del Renacimiento, por bueno que sea, adquiriría más valor y prestigio si pudiera demostrarse que es de Rafael. Así mismo un poema sin firma llamaría mucho más la atención si su autoría pudiera atribuïrse sin lugar a dudas a un poeta considerado grande por el común de las gentes, y sobre todo por los lectores más refinados o por los críticos literarios más expertos. Querámoslo o no, los nombres célebres tienen un sonido mágico, es decir, un poder de encantamiento. No tengo la ingenuidad de creer que se le prestaría la misma atención a un soneto de Pedro Pérez (o mío, para no ir muy lejos) que a un soneto perdido de Quevedo. Y si creemos en la idea romántica del genio, un gran poema no se le podría ocurrir a cualquiera. En fin, el tema es discutible. El supuesto básico de esta búsqueda, en todo caso, es que importa saber si el soneto era de Borges o no; si esta investigación no tiene importancia cósmica o filosófica, lo puedo aceptar y lo acepto. Pero además de las razones personales que me impulsaron en esta búsqueda, creo que el hallazgo de la correcta atribución de unos versos puede tener, también, un cierto valor filológico. Y con esto regreso a mi historia.

Jaime Correas me revelaba que los poemas habían tenido cierta difusión, después de la edición casi secreta hecha por ellos: habían aparecido en *La*

Jornada de México (mayo 3 de 1987), en *Diario* 16 de
España (septiembre 17 de 1987) y en la revista *Somos*
de Argentina (septiembre 30 de 1987). En Colombia
estaban los dos sonetos publicados por *Semana* (mayo
26 del 87), que Jaime no conocía hasta ese momento, y
además mi propia publicación en *El Espectador* (el 29 de
noviembre de ese mismo año). Nadie se acordaba ya de
estas publicaciones, que son todas anteriores al invento
de internet y muy anteriores también a la publicación
inicial de Tenorio en la revista *Número* (octubre de 1993).
Curiosamente el 22 de agosto de 1993 se hizo en Mendoza
(en *El Altillo,* el suplemento cultural del *Diario* UNO) una
nueva publicación de los cinco sonetos, con una nota de
introducción de Jaime Correas. Dadas las fechas, no es
improbable que Tenorio se enterara en ese momento de la
existencia del Cuaderno de Mendoza, pero esta es apenas
una hipótesis que no puedo comprobar. También es
probable que la fuente de Kiefer fuera entonces ese diario
español del año 87.

   Pocos meses después de esta carta que para mí
aclaraba tantas cosas, tomé yo un bus, de madrugada,
en el centro de Santiago de Chile con la intención de

atravesar los Andes y llegar, al atardecer, a Mendoza.
Quería conocer en persona a Jaime Correas, quería tener
en mis manos un ejemplar de aquel librito rarísimo, hecho
a mano, con los cinco poemas inéditos de Borges; quería
conocer a Coco Romairone, quería ver la cara de todos los
involucrados en aquella aventura editorial, ya que después
de tantas dudas y desvíos me había vuelto descreído y
solamente iba a acabar de creer en esta historia de cinco
poemas pasados de mano en mano, cuando metiera el
dedo en la llaga, como santo Tomás, cuando frente a
frente todos los protagonistas me contaran las cosas, o
me las confirmaran, tal como ya lo había hecho Jaime
por carta. Es inútil que escriba, con mi mala memoria,
un resumen de aquel viaje. Más bien le cedo la palabra a
algunos fragmentos de cartas que le escribí en aquellos
días a Bea Pina. La primera es del 8 de enero del año 2008:

> Querida Bea:
> Llegué a Mendoza el domingo por la tarde.
> Cuando me bajé del bus me pareció entrar en un sauna.
> Pensé que eran los motores prendidos de los buses
> en la terminal, pero no era eso, era Mendoza en su

**«Jorge Luis Borges
Cinco inéditos: su testamento»**
La Jornada
Mayo 3 de 1987
México

«Cinco poemas inéditos»
Diario 16
Septiembre 17 de 1987
España

5 poemas
Ediciones Anónimos
Septiembre 13 de 1986
Argentina

«Lo último de Borges»
Semana, No. 264
Mayo 26 de 1987
Colombia

«Apuntes para una biografía»
Magazín Dominical de *El Espectador*
Noviembre 29 de 1987
Colombia

«Cinco inéditos de Borges»
Revista Número, No. 2
Octubre de 1993
Colombia

«Cada día escribe mejor»
Somos
Septiembre 30 de 1987
Argentina

«5 poemas»
El Altillo de *Diario UNO*
Agosto 22 de 1993
Argentina

día más caluroso del año. El termómetro marcó 41,3
grados centígrados; todos los que a ti te hacen falta en
Finlandia para sentirte cómoda. Te los regalo. El paso
de la cordillera de los Andes, en un autobús grande
y moderno, fue bonito, agradable. Los picos nevados
o pedregosos, las peñas que apuntan hacia el sol
inclemente, ni una sola nube. Los trámites migratorios en
la frontera fueron lo más largo y aburrido, una fila de tres
horas, pero no me importó mucho.

Llegué a un hotel en el centro, el Huentala (que
Jaime me reservó), con un aire acondicionado necesario,
pero excesivo, que a ratos apago. La ciudad, la pequeña
ciudad, me gustó de inmediato, porque está llena de
árboles, de los mismos árboles de mi amada Turín:
plátanos, con sus troncos blancuzcos, con sus copas
amplias que dan una sombra que uno agradece a cada
paso. Como la ciudad es un oasis artificial en medio del
desierto, uno la admira más. Por todas las calles, en el
borde de la acera, corren acequias de unos 50 cm de
profundidad. Algunas veces a la semana, corre agua, y
los árboles beben, y la ciudad sigue siendo verde, y no se
seca. Lo mismo pasa en los parques y en los viñedos: todo

vive gracias al riego, al agua que baja de la cordillera y
aquí se reparte.

Después de una ducha llamé a Jaime Correas, que pasó
por mí al hotel. Es un señor bajito, nervioso, amable, que
se pone a veces rojo, muy rojo, desde los pómulos hasta
la calva. Es un gran narrador oral, vivaz y simpático. Me
entregó el Cuaderno sin ninguna ceremonia, y estaba tan
bien cuidado que parecía que lo hubiera fabricado ayer, de
lo bien conservado que estaba, de lo limpio que se veía el
papel. Llegué a dudar si me estarían engañando otra vez,
pero claro que no. Fuimos a tomar algo a un café, yo vino
blanco y él una gaseosa. Conversamos, reconstruimos las
cosas. A Jaime se le nota la bondad desde lejos, y también
la generosidad. Me dio un librito (lo digo por el tamaño)
suyo sobre Cortázar: *Su paso por la Universidad de Cuyo en
los inicios del peronismo*. Esa primera tarde no hablamos
a fondo del asunto del soneto. Solo de circunstancias que
hay que precisar. De Juan López (que es el compañero
de estudios que llevó los poemas al grupo), de Coco
Romairone, a quien voy a ver dentro de un rato, de Franca
Beer, de los posibles pasos que dieron los poemas de mano
en mano hasta llegar aquí a Mendoza.

5 poemas de Jorge Luis Borges
Ediciones Anónimos
1986
Mendoza, Argentina

Este es el cuaderno de
Mendoza

Ediciones Anónimos

JORGE LUIS BORGES

5 POEMAS

Ediciones Anónimos

JORGE LUIS BORGES

5 POEMAS

And all is always now.
T.S. Eliot

Cuando este conjunto de poemas llegó a nuestras manos
no era imposible suponer la inmortalidad del poeta. A principios de 1986 estos versos aparecieron casi mágicamente
con la novedad de ser inéditos (al menos en libro). La idea
inicial era comunicarse con Borges y pedir su autorización
para publicarlos en una edición como la presente, pocos
ejemplares y una distribución casi mano a mano.

Los primeros meses de 1986 transcurrieron rápidamente,
el establecimiento de Borges en Ginebra y luego su muerte
hicieron imposible el proyecto.

La muerte, llegada por teléfono, fue una tranquila tristeza: "debemos entrar en la muerte como quien entra en
una fiesta". Sus fechas quedaron fijadas: 1899-1986.

Lo sucedido confirmaba que un poeta vivo no es igual a
uno muerto. Siempre, frente a la poesía, existe la afirmación
de un hombre vivo. Un extraño ser que en algún lugar está
soñando.

Borges nos regaló el placer de la lectura. Ahora es ya una
ausencia, una sombra en el tiempo, es un nombre, unas
fechas y unos textos, también algunas noches, el amor y
tanto asombro. Queda una mañana compartida, una amable
conversación y la extraña sensación de que no existe el
olvido.

Jaime Correas
Mendoza, 13 de setiembre de 1986.

GRATITUDES

¡Cuántas hermosas cosas! los confines
de la aurora del Ganges, la secreta
alondra de la noche de Julieta.
El pasado está hecho de jardines.
Los amantes, las naves, la curiosa
enciclopedia que nos brinda ayeres,
los ángeles del gnóstico, los seres
que soñó Blake, el ajedrez, la rosa,
el Cantar de los Cantares del hebreo,
esa flor que florece en el desierto
de la atroz Escritura, el mar abierto
del álgebra y las formas de Proteo.
Quedan tantas estrellas todavía;
suspendo aquí mi vana astronomía.

MEJICO 564

Los órdenes de libros guardan fieles
en la alta noche el sitio prefijado.
El último volumen ha ocupado
el hueco que dejó en los anaqueles.
Nadie en la vasta casa. Ni siquiera
el eco de una luz en los cristales
ni desde la penumbra los casuales
pasos de vaga gente por la acera.
Y sin embargo hay algo que atraviesa
lo sólido, el metal, las galerías,
las firmes cosas, las alegorías;
el invisible tiempo que no cesa,
que no cesa y que apenas deja huellas.
Ese alto río roe las estrellas.

EL MINOTAURO

Encorvados los hombros, abrumado
por su testa de toro, el vacilante
Minotauro se arrastra por su errante
laberinto. La espada lo ha alcanzado
y lo alcanza otra vez. Quien le dio muerte
no se atreve a mirar al que fue toro
y hombre mortal, en un ayer sonoro
de hexámetros y escudos y del fuerte
batallar de los héroes. Ilusoria
fue tu aventura, trágico Teseo;
de la biforme sombra la memoria
no han borrado las aguas del Leteo.
Sobre los siglos y las vanas millas
ésta da horror a nuestras pesadillas.

ALL OUR YESTERDAYS

Me pesan los ejércitos de Atila,
las lanzas del desierto y sus batallas,
de Nínive, ahora polvo, las murallas
y la gota de tiempo que vacila
y cae en la clepsidra silenciosa
y el árbol secular en que clavada
fue por Odín la hoja de la espada
y cada primavera y cada rosa
de Nishapur. Me abruman las auroras
que fueron y que son y los ponientes,
Tiresias y el amor de las serpientes
y las noches, los días y las horas.
Sobre la sombra que ya soy gravita
la carga del pasado. Es infinita.

AQUI. HOY.

Ya somos el olvido que seremos.
El polvo elemental que nos ignora
y que fue el rojo Adán y que es ahora
todos los hombres y que no veremos.
Ya somos en la tumba las dos fechas
del principio y del término, la caja,
la obscena corrupción y la mortaja,
los ritos de la muerte y las endechas.
No soy el insensato que se aferra
al mágico sonido de su nombre;
pienso con esperanza en aquel hombre
que no sabrá que fui sobre la tierra.
Bajo el indiferente azul del cielo.
Esta meditación es un consuelo.

Después fuimos a cenar con la esposa, Adriana, una mujer alta, inteligente y bonita. Pizza al aire libre, con un calor que de noche no baja. Hablamos un poco de historia, de la vida, pero no más del libro. Ayer Jaime trabajaba y yo me fui a ver librerías de viejo, que es mi programa favorito en todos los países del mundo. Jaime me había recomendado una que él no conoce pues es de un señor a quien él no le habla (no me dijo por qué, pero algo personal debió de ocurrirles en el pasado). Resultó ser, el dueño de la librería (un cuchitril más pequeño y mucho más desordenado que Palinuro), un viejo judío de nombre Carlos Levy. Como de película. Creo que nos caímos bien y que él pensó, como tantos, que mi Abad es apellido de su mismo linaje. «De los nuestros», me dijo, después de hablar de sus orígenes sefardíes.

Desde un principio le dije que básicamente estaba buscando libros de Borges o sobre Borges. Me sacó muchas cosas, una pila de libros no en muy buen estado pero muy interesantes. Algunas primeras ediciones. Me gasté exactamente quinientos dólares, que era todo lo que tenía en el bolsillo para todos mis días mendocinos, pero no importa. Entre las curiosidades me sacó un cuadernillo. Me dijo: «esto es muy raro, es un libro trucho, pero los poemas son auténticos, de Borges». Era el ejemplar de Ediciones Anónimos, sin las argollitas de plástico, y de otro tamaño, un poco más grande que el que Jaime me había regalado. Jaime me aclaró que el cuadernillo de Borges fue el único best seller de Ediciones Anónimos. Como la primera tirada de trescientos ejemplares se agotó, tiraron otra de ciento cincuenta. No sé si esta sea la primera o la segunda edición, pero no es la misma de la mía, en todo caso, pues el cartón es levemente más grande. Me dijo Jaime que las dos ediciones, cada una, eran casi del mismo tamaño, pero que quizá las dos no eran idénticas. ¿Me entiendes? Levy me dijo que era raro, que me lo vendía por tanto. No lo dudé un instante: es tu ejemplar, y dentro de unas semanas te debe llegar al frío de Finlandia. Ya todos tenemos uno: Jaime, tú y yo.

Por la tarde me fui a visitar viñedos, porque después de los libros lo que más me gusta es el vino. Volví al hotel. Por la noche un abogado nos invitó a cenar a la casa. Yo no había almorzado soñando con manjares y carne por la noche. Eran sanduchitos de pan tajado. Pero había buen

La librería de Carlos Levy
en Mendoza

vino. Y les contamos la historia del poema. Les encantó, no modulaban mientras la contábamos, y Jaime, te repito, es un buen narrador oral. Yo recité el soneto y di uno que otro detalle. Puse el tema yo mismo, con el tono de Rulfo, cuando me preguntaron qué hacía en Argentina: «Vine a Mendoza porque me dijeron que aquí vivía el autor de un poema, un tal Jaime Correas».

Antes de ir a la cena hablamos en la sala de la casa de Jaime. Vive en una casa muy bonita. Uno entra por un patio con pasto (riegan mucho) a través de una puerta de madera tallada, como Art Déco, muy bonita. Tiene una enorme biblioteca de dos pisos, pero me parece que a él no le gusta que uno suba al segundo piso. La casa está en penumbras y tiene cuadros buenos. Un vitral de un santo muy bien logrado. Adriana, la mujer alta y bonita, es profesora de Historia. Como sabes, el proyecto que teníamos era escribir esta historia a cuatro manos. Yo le dije que prefería que cada uno escribiera su libro, y que si queríamos lo publicábamos juntos, por dos lados, anverso y reverso, de un mismo ejemplar. Él parecía algo decepcionado, pero lo disimuló muy bien. Me dijo que otras personas en quienes confiaba le habían dicho que el libro iba bien así. Yo le dije que las personas en quienes yo confiaba me habían dicho que el libro así iba mal, y que la historia no se entendía, se volvía morosa. Me preguntó más cosas que intenté responderle. Le dije que yo era persona de entusiasmos explosivos y largos desencantos, que no era confiable en mi constancia, que con mis propios libros me había ocurrido siempre así pues a mitad de camino siempre los odiaba. Le dije que escribiéramos cada uno un libro corto, ojalá antes de seis meses. Me dijo que no le podía poner condiciones de tiempo ni de espacio, que el suyo no era corto y que no podía comprometerse con una fecha. Le dije que trabajáramos cada uno por su cuenta, entonces, y que nos fuéramos contando de los avances. Creo que a él, a su temperamento, le servía este alternarse de historias, esta presión. Creo que a mi temperamento, a mi inconstancia, no le conviene semejante compromiso. Jaime al final lo tomó todo bien y fue un encanto conmigo, dulce y comprensivo. Creo que no hay desencanto ni rencor.

Ya va a llegar Jaime por mí: me va a llevar a conocer a Coco Romairone. Voy a llevar la cámara. No he tomado ni una foto. Él va a llevar el sello con el que titulaba el libro de

Borges, mojándolo en una almohadilla, y vamos a ponerlo
en papeles, para que conste. Después te cuento más.

Como también Coco Romairone, este personaje
entrañable a quien se debe el Cuaderno de Mendoza,
empieza a desdibujarse y a perder nitidez en mi frágil
memoria, prefiero copiar también la carta que sobre él le
escribí a Bea Pina. Al releerla me doy cuenta de que los
detalles de mi visita yo ya no los recuerdo y que algunas
cosas me parece leerlas por primera vez, aunque yo mismo
las haya escrito. Un día después del encuentro todo era
distinto, y pude escribirle lo siguiente, con pelos y señales:

Coco (Victorio) Romairone vive en una casa de
esquina de un barrio apacible cerca del centro de
Mendoza. Está en la esquina de República de Siria con
Rioja. La puerta está abierta de par en par, porque aquí
no hay ladrones y porque en esta tarde caliente todos
quieren que el aire circule. Nos recibe en bermudas,
con una camisa raída pero limpia. Es un viejito avispado
y tranquilo, tal como me lo había imaginado, con una
sonrisa lista y una actitud bondadosa. Del episodio

El sello que Jaime
usaba para las
carátulas del
cuaderno.

del poema no se acuerda de mucho más de lo que ya sabemos, salvo que él recibió la copia mecanografiada de los poemas, dentro de una carta de puño y letra de Franca Beer. Franca es amiga suya desde cuando ellos tenían dieciséis años. La familia Beer vino de Italia huyendo de Mussolini y se instalaron primero en Buenos Aires y después en Mendoza. Por eso se hicieron amigos y de vez en cuando Romairone va a Buenos Aires y se queda en la casa de la familia Roux Beer. En uno de los cuartos de la casa hay dibujos de Roux dedicados a Coco (uno particularmente bonito), y también reproducciones firmadas por el pintor. Todas las piezas del rompecabezas cuadran muy bien. Romairone le entregó los poemas a Juan López, que no quiso venir a la cita de hoy, quizá por algún oscuro rencor con Jaime, que yo sospecho pero que nadie me ha contado.

En la casa de Coco hay música clásica, muebles viejos, un catre destendido, polvo, una máquina de escribir vieja. Romairone no sabe usar el computador. Tiene una amanuense, Stella Matutina, que le pasa sus cartas al mail, después de que él le entrega sus originales a máquina. Todos saben su clave del correo electrónico, que es «socorro». Estaba particularmente contento con

una respuesta que le había enviado hace poco el escritor
Guillermo Martínez, a quien aprecia mucho, y a quien yo
también conozco pues presenté un libro suyo en Medellín
(una excelente novelita negra) y él en Buenos Aires me
regaló su *Borges y las matemáticas*, un libro de ensayos.
Con Romairone hablamos de Borges, citamos a Borges,
bebemos a Borges. Yo le conté de la única vez que lo vi,
a finales del año 78, en la Biblioteca Pública Piloto de
Medellín. Él me contó uno de sus cuentos, su preferido.
«El evangelio según San Mateo», o algo así; yo no lo
recordaba.

   También contó algo muy bonito sobre una familia
de verduleros. Resulta que hace tres o cuatro años
llegó una parejita muy joven, de un pueblo vecino,
con una carretilla de frutas y verduras. Romairone
empezó a comprarles a ellos las verduras y no a los
de un supermercado a la vuelta, a quienes él define
«los capitalistas». Los vecinos también les compraban
las verduras a los carretilleros, porque el muchacho
es simpático, de nombre Gustavo. Los capitalistas
denunciaron a los verduleros por vender en sitio público
y sin permiso. La policía los echaba y les confiscaba la

mercancía. Así varias veces. Y Romairone se dio cuenta, se enteró. Le preguntó al verdulero qué pasaba y este le explicó que según la policía tenía que tener un espacio propio para poder vender. Coco le dijo: «ahí está mi vereda, se la cedo». Vereda en Argentina, tú sabrás, es nuestra acera. Al frente de la ventana de su cuarto pusieron la carretilla, con permiso de Romairone, y luego una especie de kiosco que ha crecido, con su carpita, sus cajones. A Coco, por la mañana, lo despiertan los verduleros a las ocho, cuando llegan con sus cosas a montar el negocio. Los miré desde el cuarto. Tienen montones de clientes, que hacen fila. Ahora les va muy bien, y a Romairone, compre lo que compre, siempre le cobran lo mismo: cincuenta centavos. Lo mismo si es una berenjena, un apio, o dos kilos de papas y uno de tomates. Siempre cincuenta centavos. El puesto se ve limpio y huele a albahaca. Dice Romairone que este verdulero no ha estudiado, pero que es un gran comerciante y que sabe tratar muy bien a sus clientes. Para demostrarlo cuenta una anécdota. Una vecina se mudó de casa un poco más lejos. Un día pasó por ahí y decidió comprarle a Gustavo las verduras. Al terminar de comprarle le preguntó si él no

hacía *delivery* (lo que en Colombia se llaman domicilios).
Gustavo, seco, le contestó que no. Ella le pidió
explicaciones, insistentemente. Él al fin se lo dijo: «Es que
yo vivo de sus tentaciones, no de sus necesidades».

Coco Romairone me cayó muy bien: no miente, no
finge, no disimula. Sobre la cama tiene un retrato de su
madre, no un santo. En la biblioteca un retrato de Borges
y una postal del Che. Sus *Obras completas* de Borges
son muy curiosas: están plagadas de papelitos escritos a
máquina y pegados con goma de las páginas respectivas.
En esos papelitos hay anotaciones, traducciones,
comentarios, aclaraciones sobre los textos de Borges.
Algunos le faltan y los tiene fotocopiados. Me sacó su
ejemplar de Ediciones Anónimos (sin argollas, como el
tuyo), y también le hice una foto, con Jaime.

Me gustó mucho haberlo conocido.

Esta noche invité a comer a toda la familia Correas.
Iremos a una parrilla a comer carne y yo le voy a regalar
a Jaime una primera edición de Borges que le compré a
Carlos Levy. Hoy volví a su librería y compré otras cosas.
Saqué plata de mi cuenta de Alemania, la de la beca, que
tiene todavía una reserva. Compré una primera edición

de Puig. Levy me regaló una curiosidad escrita por él: una traducción al ladino del *Martín Fierro*. Me la dedicó con una bendición en judezno o ladino, que dice así: «Ansina bivas siento veyntiun anyos i yo baya a tu entiero !!». Me reí mucho. El libro empieza así:

Aki me meto a kantar yo
al tanyer de la gitara
kualo al ombre ke lo apanya
un penserio ingrandesido,
bilbiliko solitario
kon el dizir se konsola.

Te mando un beso, Bea, H.
Bilbiliko es una bonita palabra para decir pajarito, ¿no te parece?

Esta historia no estaría completa si ustedes no supieran cómo fueron mis cartas, mis innumerables cartas con Bea Pina, durante estos dos años de búsquedas intensas. Son demasiadas y no las voy a transcribir, porque además abarcan otros temas personales. Pero aprovecho

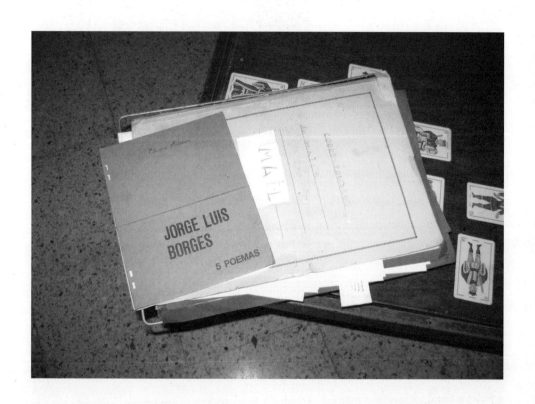

Coco Romairone y
Jaime Correas

este momento para copiar su respuesta a mis correos anteriores. Creo que vale mucho la pena, porque una sola carta les mostrará cómo es Bea, mi querida Bea.

Querido:

Tu viaje a Mendoza me conmueve; tal vez más que a vos mismo. Todos estos meses soñé con ese viaje y ya es real. Me hubiera encantado verlo todo como por un huequito, a tu lado, pero habría sido incómodo para vos estar con Bea Pina por allá, como fuera de lugar, así que te acompañaré en esa travesía, así, de lejos, pero atenta a lo que necesites (si hay algo que yo pueda hacer), y leyendo tus cartas.

No sabes cómo disfruto tus mensajes de lo que ha sido este viaje. He sentido el calor de Mendoza en esta nada que hoy llega a -20 grados, algo parecido a la temperatura en el Huentala. La ciudad la imagino hermosísima, el cielo de un azul imposible, mis montañas que tanto añoro… Me imagino las aceras con baldosines rojos grandes. ¿Son así?

Imagino a Jaime bajito y a su mujer alta, bonita y delgada, cuando me los describes. Imagino el momento simple en que tienes el Cuaderno en tus manos, a lo argentino, (nosotros somos más ceremoniosos). ¿Qué dedicatoria te escribió Correas en su libro de Cortázar? ¿Le llevaste *El olvido*? ¡Tienes DOS Cuadernos! Más de lo que podrías esperar. Es interesante lo que me cuentas de las dos ediciones. ¿Cómo llega esa versión a manos del librero Carlos Levy? Podrías preguntarle… podría ser un recoveco interesante de la historia, ¿no crees? Me imagino la *guenizot* de Levy, como mi amada Palinuro. Visitar librerías de viejo, también es lo primero que yo busco a donde voy. Me encanta ver los libros rayados, con notas, con dedicatorias y que pasen así de una mano a otra.

Me fascinó el personaje de Carlos Levy, su bendición en ladino. Hubo un tiempo, en que me dio porque quería aprender ladino. Fue después de haber visto una película en ladino. Quedé fascinada, como cuando las raíces lo llaman a uno. Quizás ningún pueblo guarda tanto la memoria como el judío y no hay ninguna otra cultura en la que la necesidad de aprender a leer esté sobre cualquier otra cosa. El ladino es tan candoroso, tan primitivo, tan bello. Yo también te mando un poema en ladino que me gusta mucho. Óyelo, más que leerlo:

Alta alta es la luna
Kuando empesa a sklarese
I ja ermoza sin ventura
Nunka yege a naser.
Los ojos ya me incheron
De tanto mirar la mar.
Vaporikos van i vienen,
Letras para mi no ay
Pasharikos chuchulean
En los arvoles de flor.
Ay debasho se asentan
Los ke sufren del amor.

Te vuelvo a decir que no me mandes el Cuadernillo. No, no lo acepto. No seas bruto, es una cosa importantísima para ti, son los originales de, posiblemente, los últimos poemas que Borges escribió. ¿Cómo se te ocurre que se los vas a regalar a una casi desconocida? Te vas a arrepentir el día de mañana cuando te canses de mí. No. Quiero que tú me lo guardes en Medellín, en tu biblioteca, y si nos volvemos a ver, me lo muestras. Guárdalo, sobre todo la edición que te vendió Carlos Levy. Es un tesoro, una rareza (¿cuánto pagaste?).

¿Sabes una cosa? El día en que me fui de Colombia fui a la Librería Nacional y me puse a hojear la biografía de Borges de Edwin Williamson (que ha sido muy criticada) y encontré que Borges empieza a sentirse muy enfermo y decaído a mediados de septiembre de 1985, y yo caigo en cuenta y recuerdo que la visita de Rey, Roux y Beer a Borges fue el 29 de septiembre. Mi fantasía, Héctor, es que Borges escribió esos poemas sabiendo que ya pronto se iba a morir. Por lo menos «Aquí. Hoy.». Ya somos el olvido que seremos cuando sabemos que nos vamos a morir.

La historia de Coco Romairone, su amistad con Franca, Stella Matutina, otra amanuense, otra memoria, los verduleros, todo es encantador. Yo los registro, todos estos detalles. Quiero agregar todo esto a tu cronología, para que no se te olvide. Tus mensajes son testimonio de esta parte de la historia, para que no olvides todos estos detalles. Son muy importantes. ¿Qué relación tienen Juan López y Coco? ¿Por qué le entrega los poemas a él? ¿Con qué motivo?

Esto va a sonar idiota y no se por qué lo digo. Solo lo siento, sin saber por qué. Un día sabré por qué lo digo. Te digo gracias por ir allá, por llevarme en tu frío corazón a un lugar más caliente sobre la Tierra. Te abrazo, Bea.

Me despedí del querido Jaime, otro de mis salvadores en esta historia, mi nuevo amigo, en el aeropuerto de Mendoza. Volví a Santiago en avión y en mi maleta iba una de las botellas de nocino que él elabora cada año, con una receta secreta de vinos, nueces y especias. Cuando me tomo un sorbo, de vez en cuando, el sabor de Mendoza y de la amistad vuelve a mi boca y brindo por él.

En el viaje de regreso a Santiago pude observar con todo el detenimiento necesario el Cuaderno de Mendoza. Este viene con un prólogo, ¡firmado!, por el mismo Jaime. De esa nota de introducción quiero rescatar el último párrafo: «Borges nos regaló el placer de la lectura. Ahora es ya una ausencia, una sombra en el tiempo, es un nombre, unas fechas y unos textos, también algunas noches, el amor y tanto asombro. Queda una mañana compartida, una amable conversación y la extraña sensación de que no existe el olvido».

Existen muy pocos ejemplares de esa primera edición, de esas dos ediciones (cuatrocientos cincuenta Cuadernos

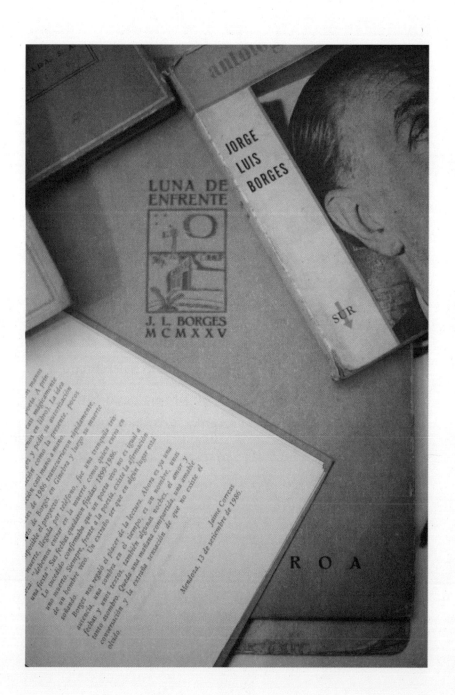

ROA

se tiraron en total), que no aparece en ninguna de las bibliografías de los especialistas. Quiero apostar que ya aparecerá.

Volví a Medellín y empecé a planear los últimos dos encuentros que hacían falta, ya no para disipar mi escepticismo, sino para confirmar mis certezas y aclarar mis lagunas. Porque quería también afinar algunos detalles, confrontar las versiones y verificar, si no la veracidad, por los menos los pormenores de la historia. Todos estos detalles eran necesarios, al menos para mí. Tenía que verme con el poeta francés Jean-Dominique Rey y con el matrimonio de Franca Beer y Guillermo Roux. Tenía que hablar también con ellos, cuanto antes, y oír de su propia boca el mismo relato, o alguno parecido al que Jaime y Coco Romairone me habían hecho. Quizá las variaciones de ese mismo relato, porque cada vez estoy más convencido de que una memoria solamente es confiable cuando es imperfecta, y que una aproximación a la precaria verdad humana se construye solamente con la suma de los recuerdos imprecisos, unidos a la resta de los distintos olvidos.

No me resultó tan fácil encontrar al poeta francés, pero incluso antes de encontrarlo, di con sus publicaciones, con la historia de Borges, e incluso con un prólogo del mismo a un libro sobre el pintor Roux editado en Argentina por Rey. Bea Pina, desde su hielo finlandés, me consiguió lo fundamental: el primer tomo de las memorias de Jean-Dominique Rey, tituladas *Mémoires des autres. I. Écrivains et rebelles*, publicadas por L'Atelier des Brisants en 2005. Cada capítulo de este libro está dedicado a los recuerdos de Rey con algunos escritores: Valéry, Gide, Breton, Queneau, Cioran, entre otros. El capítulo 20 está dedicado a sus encuentros con Borges en su apartamento de la calle Maipú, y se titula: «La Bibliothèque aveugle. Trois visites a Jorge-Luis Borges».

El relato de Rey de sus encuentros con Borges es bastante sobrio. La primera vez que lo ve, en 1979, hablan largamente de poesía y Borges le recita. La segunda vez es un desencuentro, pues Borges debe ir al cementerio. La tercera vez es la que nos concierne, el 29 de septiembre de 1985. Tanto en el 79 como en el 85, Rey visita a Borges en compañía de Franca Beer y Guillermo Roux. Pero de esta última visita hay fotos en las que se ve que mientras Rey y Borges conversan, Roux le está haciendo un retrato del vivo.

Guillermo Roux dibuja
a Borges
mientras Rey lo
entrevista.

Rony
Buenos Aires 29. 9. 85

Estos retratos, dos rostros de Borges uno encima del
otro, me parecen importantes porque, si no estoy mal,
son los últimos que se le hicieron en vida, no a partir
de fotos, sino con él mismo como modelo presente. La
fecha se conoce pues el mismo Roux la puso al pie de
su dibujo y es la que ya dije, 29 de septiembre del 85.
Téngase en cuenta que muy pocos días antes, el 13 de
septiembre, Borges había recibido los resultados de una
biopsia del hígado: tenía cáncer y sabía que no le quedaba
mucho tiempo de vida. Que Borges se sintiera bien el
29, como para aceptar una visita y una entrevista, nos lo
confirma el diario de Bioy Casares, que en la entrada del
28 de septiembre, dice: «Visita de Borges; con excelente
aspecto». No es descabellado conjeturar que en esas dos
semanas, como me lo había dicho Bea en su bonita carta
a Mendoza, entre los resultados y la entrevista con Rey,
haya escrito y dictado este poema sobre la muerte. Pero
también pudo haberlo escrito antes de la noticia de su
enfermedad, pues los temas de la muerte y del olvido son
en él una constante. Borges saldría, ya muy enfermo, hacia
Milán y Ginebra, dos meses después de la entrevista con
Rey, el 28 de noviembre de 1985, casi sin decírselo a nadie,

en compañía de María Kodama. El 26 de abril del año siguiente, se casaría con quien había sido su compañera casi permanente en la última década. Y moriría al amanecer del 14 de junio de 1986.

Lo más interesante de este capítulo de las memorias de Jean-Dominique Rey, y lo más importante para mi historia, es que al final de la entrevista Rey le solicita algunos poemas inéditos para publicar, junto con la conversación que acaban de tener, en la revista *La Délirante*. Según Rey, es a él y no a Franca Beer a quien Borges le entrega los poemas. Borges acepta la petición, sobre todo porque le gusta el nombre de la revista, e incluso hace una anotación etimológica, que Rey relata: «Delirio... delirio es sembrar fuera del surco». No tengo que decirlo, pero lo voy a decir: estos poemas fueron sembrados fuera del surco, y por eso se han demorado tanto en germinar. A continuación conduce a Rey a su habitación, comentan algo sobre un tigre azul de cerámica que Borges tiene allí. Rey nota también un grabado de Durero que está sobre la cama de Borges (el caballero, la muerte y el diablo). Finalmente el poeta ciego le pide que abra los cajones de una cómoda. Hay algunos poemas

Mémoires des autres. I- Écrivains et rebelles de Jean-Dominique Rey

L' Atelier des Brisants

2005

París, Francia

LA BIBLIOTHÈQUE AVEUGLE
TROIS VISITES À JORGE-LUIS BORGES

169

De Martinez à Maïpu, il y a peut-être trente kilomètres. On a l'impression, à l'intérieur d'une même ville, de traverser des strates, des siècles et presque des régions différentes du monde, d'entrer dans un rio géant charriant des milliers de voitures sur plusieurs files, de suivre une rive d'où la mer est cachée. On traverse un bois d'eucalyptus et de chênes-lièges, on croise des palos borrachos - je voulus malgré notre retard en ramasser quelques graines - et des places ombragées d'ombus géants avant d'entrer dans des avenues luxueuses, puis dans le dédale enfin où tout à coup la ville ressemble plus ou moins à toutes les villes.

L'indienne nous ouvrit sans hésiter.

Tandis que Guillermo Roux commence à dessiner le visage de Borges, je demande à celui-ci s'il donnerait deux, trois poèmes, que la revue *La Délirante* souhaiterait publier. Le visage de Borgès s'anime :

"C'est un beau titre pour une revue que *La Délirante*... Delirio... Delirio es sembrar fuera del surco, le délire c'est de semer hors du sillon."

Comme je lui remets un exemplaire des *Haïkaï* de Basho traduits par Koumiko Muraoka et Fouad El-Etr, à ces mêmes éditions de La Délirante, tandis qu'il caresse le livre, il me dit avoir appris le japonais et récite dans un sourire deux haïku de Basho que de mémoire il traduit... "coupe de saké... hirondelles... flûtes de jadis..." Et soudain, sans crier gare, passe à Toulet, dont il scande de la main un poème entier "je n'ai jamais écrit sur lui, mais je le regrette, j'ai toujours aimé ses *Contrerimes*... Sa mémoire est un livre ouvert où lui seul peut lire mais jamais en défaut. Et comme s'il poursuivait une même courbe, il revient à l'idée de délire pour conclure :

"Tous les mots sont des métaphores, même le mot métaphore."

178

Il me demande de le conduire dans l'autre pièce. Au-dessus du lit
st accrochée une gravure de Dürer, "Le Chevalier, la mort et le
iable" et un tigre en céramique bleue. Comme s'il devinait que je
egarde sans trop d'indulgence ce tigre :

"J'avais écrit un poème, "Le Tigre bleu" et, quelques jours après,
ans rien en savoir, une amie m'apporte celui-ci… Pouvez-vous
uvrir le tiroir de cette commode… Que trouvez-vous ?

- Un dossier.

- Non, c'est en dessous.`

Les mains sur sa canne, la tête levée vers les lointains :

- Et là, que trouvez-vous ?

- Un poème.

-Lisez-le moi… Non, pas celui-là. Je l'ai déjà publié. Continuez.

h ! celui-ci, oui."

Une fois repêchés et réunis cinq à six poèmes, on retourna dans la
rande pièce, à pas très lents, comme si Borges songeait à ces vers
etrouvés, s'arrêtant un instant, en silence apparemment, mais…

"Vous allez maintenant me lire chacun de ces poèmes, lentement,
vais les corriger avant de vous les donner.

- Mais, mon espagnol imparfait risque de…

- Non, non, qu'importe, vous lisez sûrement très bien."

Le premier poème s'intitule *Gratitudes* et débute par une
umération :

"le Gange, l'alouette cachée de la nuit de Juliette,
la mer ouverte de l'algèbre…
Quedan tantas estrellas todavia…"
(Restent encore tant d'étoiles)

Ses lèvres suivaient les sons à mesure que je lisais. A son tour il
citait, mezzo voce, ce que je prononçais et eût l'élégance de ne

179

sueltos en una carpeta. Borges rechaza algunos, porque ya están publicados. Luego escoge seis y vuelven a la sala.

Aquí hay una inconsistencia en la memoria de Rey. Al regresar a la sala Borges le pide que lea los poemas y el escritor francés trata de disculparse porque, le dice, su español no es bueno. Queda implícito que están ellos dos solos, pero al principio del relato estaban con el matrimonio Roux. Más lógico habría sido que leyera alguno de los argentinos, si estaban ahí. Es posible que Rey se hubiera quedado solo en algún momento; es posible que hubiera regresado en otra ocasión. El caso es que Rey corrige a mano, según las sugerencias de Borges, algunos poemas, y luego debe salir precipitadamente para el aeropuerto pues ese mismo día es su viaje a París. Para hacer compatible esta historia con el relato de Franca Beer que me había contado Jaime, lo más probable es que Rey haya dejado allí los originales, que Borges habrá hecho pasar en limpio, y luego ella habrá vuelto a recogerlos.

En todo caso Rey no publica completos los poemas, ni en su libro ni en la revista, porque, según me explicará después, nunca obtuvo la autorización de la señora Kodama para publicarlos. En sus memorias menciona apenas algunos versos. Lo más importante para mí, al leer el capítulo de su libro, es que cita el primer verso del poema en el bolsillo. Al contar que Borges, mientras Rey le lee, verifica siempre que estén puestas las tildes, llegan a una palabra, «mágico», y Borges pregunta por el acento sobre la A. Dice Rey: «Ce *mágico* figure dans le poème intitulé *Aquí. Hoy.* (Ici e maintenant), méditation sur la morte que commence par ce mots: "Ya somos el olvido que seremos" (Déjà nous sommes l'oublie que nous serons)».

Yo ya no tenía dudas de la veracidad de la historia, incluso sin tener que ver la cara del poeta francés, solo leyendo el recuerdo de su visita a Borges. El escritor Rey contaba todo sin artificios, incluso sin detalles excesivos, con olvidos, y la verdad y el recuerdo están siempre salpicados de olvidos o de deformaciones del recuerdo que no se reconocen como tales. Pero a pesar de mis certezas, quería verlo, quería que su boca contara la misma historia que yo acababa de leer en su libro. Por esto empecé a buscarlo para pedirle una entrevista.

Bea Pina, desde las desoladas tierras de Finlandia, de días o de noches que no cesan, descubrió que Rey trabajaba en el consejo de redacción de una revista,

Supérieur Inconnu. Con este solo dato llamé a París a mi amigo Santiago Gamboa, que estaba viviendo allí. Le pedí que llamara a la redacción de la revista y buscara el teléfono de Rey, que intentara encontrarse con él y que le contara la historia del poema, a ver qué le decía. Y que le pidiera, además, una cita para mí. No fue fácil para Santiago encontrarlo, pero al fin una mañana el poeta Rey fue a visitarlo en su oficina de la Unesco. Insistió en que se encontraran allí, porque vivía cerca. Y esto fue lo que Santiago me escribió:

Jean-Dominique Rey acaba de salir de mi oficina, y te escribo de inmediato para no perder el impulso de la historia. Es un hombre delgado y altísimo, de unos setenta años y con un aspecto muy marcado de intelectual francés, es decir chaqueta de pana, camisa y pañuelo al cuello. Le pregunté para romper el hielo si su apellido era de origen español y me dijo, «no, al menos desde 1715». Cuando comencé a contarle la historia me miró con cierta sorpresa. Sabía que íbamos a hablar de Borges pero no se imaginaba lo que había en el fondo. Por supuesto, saqué tu libro y le hice un resumen, y luego leí todo el poema. Lo escuchó asintiendo con la cabeza. Luego empezó con su historia.

Para él esto comienza en 1975, cuando fue invitado como jurado de un premio de arte a la Bienal de São Paulo. Allí, viendo los cuadros que estaban concursando, se enamoró de las pinturas de un artista argentino e hizo todo lo posible por convencer a los demás jurados de que debían premiarlo. Y así fue. El ganador de esa bienal fue Guillermo Roux. Desde ese momento quedó en estrecho contacto con Roux. Roux estuvo en Francia varias veces, en exposiciones organizadas por Rey, y la amistad entre ambos siguió creciendo, hasta que acordaron publicar un libro juntos. Se trataba de un álbum de dibujos de Roux y de un poema largo de Rey, junto a otros textos en prosa. El título del libro fue *Guitarristas* y se publicó en Buenos Aires en 1979. Rey fue a Buenos Aires para asistir a la presentación del libro. Estuvo algo más de dos semanas y en ese tiempo conoció a la mayoría de los amigos de Guillermo Roux, y un día, Rey pidió conocer a Borges, a quien había leído y admiraba mucho.

Consiguieron la cita y es así como conoció a Borges, en julio de 1979, en la casa de Maipú. Rey quedó fascinado

con la personalidad y el carisma de Borges. Según me
dijo, ya contó toda la escena en su libro de memorias de
personajes. Luego regresó a París y no volvió a Buenos
Aires hasta 1981, con tan mala suerte que Borges no
estaba, así que no pudo verlo. Rey hizo un tercer viaje
a principios de septiembre de 1985 y esta vez Borges sí
estaba. Por una serie de desencuentros, solo pudo verlo
el último día de su estadía, en la mañana, antes de salir
al aeropuerto. A diferencia de la vez anterior, estaban los
dos solos. Borges y Rey. Entonces Rey le habló de una
revista francesa cuyo nombre no recordó, y le pidió a
Borges un par de poemas inéditos para publicarlos ahí.
Borges lo llevó a su estudio, le dijo que abriera un cajón
y sacara unos poemas mecanografiados. Había unos diez.
Borges le pidió que los leyera y Rey le dijo, «leo muy mal
el español», pero Borges insistió. Tras una primera lectura,
Borges desechó algunos. A uno lo dejó de lado porque
ya estaba publicado, y le dijo que podía llevarse cinco o
seis (no recordó exactamente). Luego Borges le pidió que
volviera a leerlos, pues dijo que tenían imperfecciones.
Mientras Rey los leía, Borges hizo correcciones que Rey
escribió con su propia letra sobre los originales, al dictado

de Borges. Terminada esta operación, Borges le dijo: «¿Le gusta la cocina china? Conozco un extraordinario lugar para almorzar». Pero Rey, que tenía el vuelo a las tres de la tarde, debió decirle que no podía. «No sabe cuánto me arrepiento de eso», me dijo Rey. Luego Rey le dijo a Borges que apenas llegara a París pasaría a limpio los poemas, con las correcciones dictadas, y se los reenviaría para su aprobación. Pero al llegar a París y pasar los poemas en limpio Rey tuvo una serie de ocupaciones, y ocurrieron dos cosas: la revista francesa cuyo nombre no recuerda decidió no publicarlos, y después, en 1986, Borges murió.

Rey escribió una narración contando su encuentro con Borges y para ello usó fragmentos de los poemas. No los poemas completos, pues no estaba autorizado. Luego surgió la idea de hacer un libro con su narración, los poemas de Borges y unos retratos de Borges hechos por Roux. La editorial que iba a hacerlo era Editions Dumerchez. Entonces empezaron a buscar a María Kodama pero tardaron tres años en que ella les contestara. Cuando al fin lo hizo los puso en contacto con un agente literario norteamericano, «un tiburón», dijo Rey, y ese fue el fin del proyecto.

«Pero el poema que acabo de leerle ¿es uno de los que usted tiene?», fue mi pregunta al final de su historia, y me dijo, sí, lo reconozco, tal vez con algunas palabras cambiadas, pero sí, es uno de ellos. Me dijo que tenía en su archivo los poemas originales con las anotaciones hechas por él y dictadas por Borges, manuscritas, y que iba a corroborar todo. No le quise pedir una copia por ahora, pues lo noté algo incómodo por el hecho de que los poemas nunca fueron autorizados por María Kodama. Le hice una fotocopia del poema y de la portada de tu libro y quedó de confirmarme todo. Hablaremos el próximo lunes.

Voilà, mi querido Héctor, esto es lo que pude saber en mi primera reunión con Jean-Dominique Rey. Le prometí una copia en español de tu libro. Quedó muy interesado. Me dijo que era una historia «borgeana».

Pocas semanas después estaba yo sentado en un café en París, esperando la llegada de Jean-Dominique Rey. Santiago me había conseguido una cita con él a las tres de la tarde, y esa misma mañana había llegado yo de Colombia. Era otra vez invierno en Europa, el 15 de febrero de 2008. Yo no me esperaba nada nuevo a lo que ya sabía, pero quería hablar con este señor, quería mirarlo a la cara, porque hay algo en los rostros que no puede mentir, y los seres humanos somos buenos detectores de mentiras. Voy a contar mi encuentro con Rey tal como se lo relaté a Bea Pina en un correo electrónico. Me copio:

La cita con Jean-Dominique Rey era a las tres en un café famoso de Saint-Germain-des-Prés, Les Deux Magots, donde iban algunos existencialistas, pero mejor diré donde iba Camus y donde mi amado Joseph Roth escribió *La leyenda del santo bebedor*. En Les Deux Magots nos toca una mesita (el café está repleto) frente al retrato de Simone de Beauvoir, que no me simpatiza mucho, pero bueno. Buscamos con los ojos a Rey, pero no lo vemos por ahí. Entra a las tres en punto, alto como un árbol, vestido con cierta elegancia, pausado, sereno. Impresiona su porte. Es huesudo, con mucho pelo casi blanco. No sé cuántos años tiene, pero se ve ágil de mente y cuerpo, juvenil. Viene con una chaqueta gruesa de invierno y una bufanda. Nos damos la mano. Es amable pero distante,

discreto, incluso reticente, pero no antipático. Con
esa reticencia y discreción francesas que tienen mucho
encanto. Debajo de la chaqueta hay otra chaqueta esta
vez de pana amarilla, vistosa, y bajo la bufanda hay otra
bufanda, más bien un foulard que no se quita y que le da
un aire de coquetería permanente. Sin duda es una figura
llamativa, que no pasa inadvertida. Es evidente, por el
atuendo, que le da miedo resfriarse.

La comunicación no es fácil, sobre todo porque en el
café hay mucho ruido de voces altas. Yo puedo entender
francés, si hay mucho silencio y el tema es familiar,
pero en ese barullo se me vuelve incomprensible. Rey
tampoco entiende mi español, así que la intermediación
de Santiago se vuelve indispensable. No sabemos bien
por dónde empezar, como esos carros que fallan cuando
hace mucho frío por la mañana. Noto que él lleva una
carpeta llena de documentos y libros. Le digo que yo leí
el capítulo de sus memorias sobre Borges. Repasamos
un poco lo que cada uno sabe del otro. El motivo de mi
obsesión (le regalo y dedico una edición española de *El
olvido*), la amistad suya con Roux y Franca Beer, las veces
que vio a Borges a lo largo de su vida, la relación más o

menos cercana con María Kodama. Lo que me cuenta se parece bastante a lo que cuenta en su libro de memorias. Como decía el mismo Borges, y es un hecho supongo que neurológico de la memoria, recordamos las cosas no tal como ocurrieron, sino tal como las relatamos en nuestro último recuerdo, en nuestra última manera de contarlas. El relato sustituye a la memoria y se convierte en una forma de olvido. Sin embargo, tiene que haber elementos de memoria precisa. Hay detalles nuevos, en todo caso, con relación al relato del libro.

Uno me parece importante, un manuscrito que saca de la carpeta. La letra, me aclara, es la suya. Es la copia a mano de uno de los poemas que Borges le entregó. Es decir, que no le entregó. Esto explica algo. Creo que Borges no le entregó los poemas, sino que él los copió a mano y mientras tanto se los iba leyendo a Borges, y Borges les hacía correcciones. Las copias a máquina, por lo que pude entender, se quedaron en la casa de Borges, con correcciones a mano que serían pasadas en limpio, y luego fue Franca Beer quien las recogió y fotocopió, unas semanas más tarde. Esto lo pude saber por una carta de Beer que Rey me dejó fotocopiar. Hay también una carta importante de Rey a Borges (que nunca obtuvo respuesta), pidiendo más poemas, para completar diez y hacer una *plaquette*, que fue el segundo propósito de la petición de los poemas, pues algo pasó con *La Délirante*, esa revista que tal vez no estaba saliendo con la debida regularidad. Como se puede ver, todo esto es algo confuso. Lo que no quiere decir que no le crea a Rey, al contrario. La verdad suele ser confusa; es la mentira la que tiene siempre los contornos demasiado nítidos.

Rey repite más o menos la historia de su última cita con Borges y me regala la revista, un número de *Supérieur Inconnu* de julio de 1996, donde apareció el texto de sus recuerdos por primera vez. Rey se toma un chocolate y yo un vino tinto, Santiago toma fotos e incluso hace una pequeña película con mi camarita, cuando Rey saca el poema escrito a mano y corregido según lo que Borges le decía. La entrevista fue más la comprobación física, de frente, de todas las cosas que yo ya sabía. En el poema que Rey me muestra corregido a mano (México 564 o La Bibliotèque), según lo que Borges le indicaba, el adjetivo que acompaña a la palabra «cosas» va cambiando: en la primera versión el verso decía «las muchas cosas, las

GUILLERMO ROUX
Portrait inédit de Jorge-Luis Borges, 1985.

«Buenos Aires, La Boca et Borges» por Jean-Dominique Rey
Supérieur Inconnu, No. 4
Julio-Septiembre de 1996
París, Francia

JEAN-DOMINIQUE REY

BUENOS AIRES, LA BOCA ET BORGES

UN PATCHWORK EN MARCHE

En arrivant pour la première fois (c'était en juin 1979), je m'atten-
dais à une ville qui plongerait ses racines dans la mer. On surplombe de son
vaste front les plages. En fait le Rio est contenu par un long parapet presque
toujours droit, une sorte de premier horizon que la main peut toucher, que
des voitures suivent à toute allure. Viennent ensuite une zone non habitée,
une frange de pelouses où atterrissent les avions, où courent les chevaux, où
rebondissent les ballons ; puis des bois d'eucalyptus, des assemblées de
palos borrachos comme autant de Socrates pansus ; des douanes ressem-
blant à de grands hôtels ; des places plantées d'immenses arbres comme ces
« gommiers » dont les racines apparentes dessinent au sol des labyrinthes
courbes ; des écoles, des casernes, des musées, mais espacés, sans liens, entre
lesquels passent de longues routes, parallèles au rivage déjà lointain.

La ville ne commence que lorsque la terre remonte légèrement et que
les premières rues perpendiculaires au Rio grimpent sérieusement. Pour
contenir cette ville en retrait, de longs blocs dont la base est faite d'interminables *recovas*, anciens bordels devenus banques ou bureaux et dont l'ali-
gnement évoque un front interminable d'arcades « métaphysiques » à la
Chirico.

Entrer dans Buenos Aires, c'est pénétrer dans une géométrie rigou-
reuse : forêt d'angles droits, avenues rectilignes, rectangles d'une impec-
cable régularité. On peut circuler des jours entiers sans jamais rencontrer

5

Revista francesa donde
Jean- Dominique Rey
publica la historia por
primera vez.

alegorías». Borges le pide a Rey que ponga: «Las quietas cosas». Al fin, en la versión que Franca Beer envía, y que se publica en Mendoza, terminan siendo, «las firmes cosas». Como esos adjetivos ha sido esta historia, primero confusa y múltiple, después quieta, ahora al fin siento que es firme.

Es como mirar al santo después de haber presenciado el milagro. El milagro es más importante que el santo, pero sin este santo no habría habido milagro. Meto el dedo en la llaga, toco con mis dedos los poemas que este hombre ha atesorado durante veintidós años como uno de los momentos literarios más importantes de su vida. Está orgulloso de su relación con Borges. Rey fue editor, crítico de arte, jurado, pero ahora no son muchos los que lo recuerdan, los que lo tienen en cuenta. Empieza a envejecer y es olvido, es el olvido que seremos todos. Dice, con mucho orgullo, que él es el único escritor francés vivo a quien Borges le hizo un prólogo, en aquel libro sobre Guillermo Roux.

Rey ha publicado sus poemas en la Bernard Dumerchez éditeur. Era este mismo editor el que quería hacer la *plaquette* con los poemas de Borges. Jean-Dominique fue

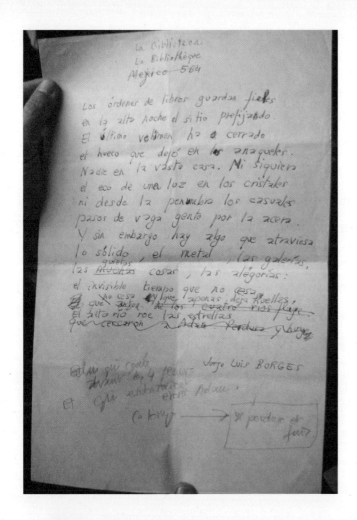

México 564
es la dirección
del viejo edificio
de la Biblioteca
Nacional.
En el manuscrito
de Rey, Borges
sugiere cambiar
el título para
mayor claridad.

a la embajada argentina, por esos años, 89-90-91, a una exposición de fotos de Borges que se hacía en París. La señora Kodama estaba allí y él le habló de los poemas, le entregó la revista *Supérieur Inconnu* donde estaba el relato de sus encuentros con Borges. Ella le dijo que le escribiera a Andrew Wylie, el agente de Borges, mejor conocido en el mundo literario como *El Chacal*. Nunca le contestó a Rey, ni tampoco al editor. A él se debe que las ediciones Gallimard, en la Pleiade, haya tenido que recoger los volúmenes de Borges. Más tarde quise comprarlos a un *bouquiniste* del Sena, pero costaban seiscientos euros y me pareció un robo, o al menos mucha plata para mí. Compré solo el Album Borges, pero esto fue al día siguiente. Incluso el editor Dumerchez estuvo en la dirección en NY donde Wylie trabaja, pero no pudo verlo… Eso dijo Rey. La señora Kodama se acuerda de Rey y cada año lo invita a unas reuniones que hacen en el hotel junto a Bellas Artes, donde se hacen homenajes cíclicos a su marido. Él va y ella lo abraza; siempre el mismo rito en el hotel donde murió Wilde.

Después salimos de Les Deux Magots con el fin de fotocopiar las cosas que vienen en el cartapacio de

Rey. Caminamos hacia el palacio de Bellas Artes con el propósito de conocer el hotel donde Borges se alojaba siempre. Por la calle Bonaparte, en la esquina con la rue Visconti, señala hacia la ventana más alta de un edificio y nos dice: allí murió Racine. Más adelante, por la misma calle Visconti, nos muestra el sitio donde Balzac imprimía sus libros. Llegamos al hotel de Borges. L'Hotel. Un edificio precioso, Art Déco, con una torre central circular, por donde van las escaleras internas y se llega a los cuartos. El hotel es bellísimo, el bar muy atractivo. Dan ganas de pedir algo, un martini, algo así, se lo ofrezco a Rey, pero él dice que ahí es muy caro y salimos. Tomo una foto de la placa de Borges, a un costado, y al otro lado la de Wilde, pues ambos dormían en el mismo hotel, aunque el sueño que a Wilde lo cogió allí fue el sueño eterno.

Seguimos caminando. Entramos a algunas librerías de viejo. Me cuenta que su padre era bibliófilo y me dice que la próxima vez que vaya a París me invitará a su casa, me mostrará libros raros y los originales de Borges dibujados por Roux. Nos despedimos con un apretón de mano y con un amago de abrazo que no llega a ser ni medio abrazo. No hay desagrado, hay distancia, elegante distancia.

Al día siguiente paseo con Santi por París. Hace mucho frío, pasamos mucho rato frente a los *bouquinistes* del Sena. Llegamos al Pont des Arts. Dos chorros blancos de aviones forman una cruz inmensa en el cielo de un azul intenso. Tomo la foto del azul del cielo, que hoy parece un poco menos indiferente, frente a la Academia. Atravesamos la mitad del Pont des Arts y Santiago me dice que, según Álvaro Mutis, esta es una de las vistas más bellas del mundo entero: mirar hacia la Cité desde el Puente. Mientras miramos esta ciudad de belleza inaudita, con una luz que, al atardecer, y como por un milagro, pasa del amarillo más intenso a un rosado profundo, el que anticipa el ocaso, poco después de pedirle a una turista oriental que nos tome una foto, como por encanto, en el sentido contrario al que Santiago y yo habíamos entrado por el puente, aparece caminando despacio, alto, imponente y parsimonioso, Jean-Dominique Rey, como brotado de la nada, en esta ciudad de millones de habitantes. Nos sonreímos, nos damos la mano y yo le recuerdo esa frase de Cortázar donde niega el azar de estos encuentros aparentemente casuales.

Jean-Dominique se ofrece a llevarnos hasta una estatua de Voltaire que estamos buscando Santi y yo.

Según Bryce Echenique esa estatua, en las afueras de la
Academia, tiene un letrero alusivo al hecho de que
la Academia no hubiera acogido nunca en su seno a
Voltaire, y le pide excusas por esto. Jean-Dominique
no recuerda la anécdota, pero nos lleva al sitio preciso
donde está la estatua, detrás de la Academia. La placa
recordada por Bryce no aparece por ninguna parte. Así
son los recuerdos, traicioneros, huérfanos de su prueba
testimonial de piedra o mármol. Después Rey se pierde
entre las brumas de la noche que ya ha caído sobre París.

Al revisar con calma las fotocopias que Rey me
entregó, encuentro que los poemas son seis y que uno de los
traducidos al francés es «El testigo». Es más, en la copia de
una carta a Borges, que Rey también me entrega, el poeta
francés le dice que para hacer una *plaquette* de diez, como
era su deseo, faltan exactamente cuatro. Estos otros cuatro
nunca llegaron. Pero el sexto del grupo inicial es el mismo
que Jaime no había querido publicar en el Cuaderno de
Mendoza porque, según me decía, ya había sido publicado
en *La Cifra*. Busco «El testigo» en ese libro, y no lo
encuentro. Es curioso; tal vez los inéditos de Borges no sean

cinco sino seis. Es un soneto inglés, como los otros, y como los demás llevan el sello (creo yo), inconfundible del poeta:

Desde su sueño el hombre ve al gigante
de un sueño que soñado fue en Bretaña
y apresta el corazón para la hazaña
y le clava la espuela a Rocinante.
El viento hace girar las laboriosas
aspas que el hombre gris ha acometido.
Rueda el rocín; la lanza se ha partido
y es una cosa más entre las cosas.
Yace en la tierra el hombre de armadura;
lo ve caer el hijo de un vecino,
que no sabrá el final de la aventura
y que a las Indias llevará el destino.
Perdido en el confín de otra llanura
pensará si fue un sueño el del molino.

Dejo que críticos y eruditos establezcan también la autenticidad de este soneto. Tiene los tics verbales de Borges, que otros pueden imitar, como esas palabras «sueño» y «confín», tan recurrentes en él. Llamar «laboriosas» a las aspas es una caída más en una figura retórica que el poeta argentino solía visitar muy a menudo, la metonimia. En otro soneto dedicado a Cervantes («A un soldado de Urbina») aparece esa misma rima de hazaña con Bretaña, que repetida aquí parece ya un tanto pedestre y reiterativa. Tal vez Borges sería incapaz de caer en un endecasílabo tan prosaico como «lo ve caer el hijo de un vecino», que ciertamente no se mitiga siquiera en la muy libre traducción de Rey: «L'a vu tomber le fils d'un meunier» (lo vio caer el hijo de un molinero). Sea como sea, en *La Cifra* no está tampoco este poema y yo ya no tengo ganas de buscarlo más. No todo el trabajo de un escrito puede estar de la parte de su redactor; algo de su parte debe poner también, de vez en cuando, el lector. O los profesores; que saben más. Aunque no estoy seguro. En una de sus innumerables entrevistas Borges dijo lo siguiente: «Hay personas que sienten escasamente la poesía; por lo general, esas personas se dedican a enseñarla».

Después de Jean-Dominique Rey, me faltaba solamente entrevistarme con Franca Beer y, si fuera posible, también con su marido, el pintor Guillermo Roux. A mediados del año 2008 pude volver a Argentina, y les pedí una cita. Para llegar a la casa de Franca Beer y Guillermo Roux hay que recorrer toda la Avenida Libertador y dejar la capital para adentrarse en la provincia de Buenos Aires. La ciudad no se interrumpe nunca; el viaje dura una media hora a través de una retícula de calles interminables, lo que hace de esta urbe una de las más populosas del mundo.

La casa de ellos está en el número 2845 de la calle Delfín Gallo, en Martínez, entre Pirovano y Paraná. Me recibe una amable secretaria que me ofrece un café y me enseña algunos de los cuadros y bocetos de Roux. Hay pinturas por todos lados, y retratos. Me quedo mirando un original y una copia. Quiero decir: hay un gato sentado en el sofá, un gato real, y ese mismo gato está pintado en un cuadro, encima del sofá. No sé cuál de los dos se muestra más indiferente a mi presencia y mi visita.

Al fin baja Franca Beer, vestida de anaranjado. Es una señora delgada y ágil, juvenil a su modo, en perfecto uso de sus facultades, cordial sin ser melosa, con unas profundas ojeras que le dan al mismo tiempo un aire cálido y melancólico. Cuando empezamos a hablar de aquellas lejanas visitas a Borges, descubro que confunde un poco la primera visita, del año 79, con la segunda, del año 85.

Lo sé por un detalle: un gato y unas cortinas. Rey dice en sus *Mémoires des autres* que en la primera visita Borges apareció lentamente detrás de unas pesadas cortinas de terciopelo, que separaban las habitaciones de la sala, en su casa. Eso mismo me dice la señora Beer, hablando de la segunda visita, que Borges apareció de detrás de unas cortinas, después de que la mucama los había hecho pasar a la sala. La señora Beer dice, hablando de Fanny, la empleada de Borges: «Nos recibió una mucama mestiza, del norte. Nos hizo pasar a la sala, donde solo estaba, sentado a la derecha del sofá, un gato blanco». La señora Beer recuerda que Borges, al entrar, preguntó dónde estaba el gato, antes de sentarse, pues temía aplastarlo. Alejan al gato para que Borges pueda sentarse. Mientras ella me cuenta esto, miro el gato de Roux, miro la pintura del gato de Roux, y pienso en algo que verifico después en el diario de Bioy Casares. Es una anomalía: en la entrada del 17 de febrero del año 85, está escrito lo siguiente: «Murió Beppo, el gato de Borges. Según Fanny, la cocinera, al morir no maulló sino que exclamó: "¡Ay!"». El gato del recuerdo de Franca Beer, muy probablemente, es el gato que estaba vivo en la primera visita, la del 79. En la segunda, de septiembre del 85, Beppo ya estaba muerto. Así es la memoria, superpone en el mismo espacio recuerdos de tiempos distintos. No es una falsedad, es un detalle de un tiempo trasladado a otro momento. Me gustan estos gatos presentes en las dos ocasiones, me gusta la gracia de la mucama contando la muerte humanizada de Beppo. En *La Cifra*, que es del año 81, Borges había escrito sobre su gato:

> *El gato blanco y célibe se mira*
> *en la lúcida luna del espejo*
> *y no puede saber que esa blancura*
> *y esos ojos de oro que no ha visto*
> *nunca en la casa, son su propia imagen.*
> *¿Quién le dirá que el otro que lo observa*
> *es apenas un sueño del espejo?*

Una pintura no es cosa muy distinta a un espejo; podríamos decir que es un espejo con memoria. Muchas personas que visitaron a Borges en su casa lo recuerdan acariciando un gato blanco que ronroneaba en sus piernas, Beppo. Y entre «Los justos», para él, estaba, «el que acaricia un animal dormido».

1985

Miércoles, 30 de enero. Come en casa Borges. Conversamos gra[...]
mente.

Bioy: «Deberíamos concluir la traducción de *Macbeth*». Borges: [...]
claro. ¿Qué dificultad presenta? Ninguna. Tener un poco de oído pa[...]
los endecasílabos. Hoy nadie tiene oído. Nadie reconoce un octosílab[...]
son como Paredes, que confundía endecasílabos con octosílabos def[...]
tuosos. Por mala que sea nuestra traducción, será mejor que la de *Ha[...]
let*, de Gide». Dijo también que hoy nadie escribe en una prosa grama[...]
cal o coloquialmente aceptable.

Domingo, 17 de febrero. Murió Beppo, el gato de Borges. Seg[...]
Fanny, la cocinera, al morir no maulló sino que exclamó: «¡Ay!».

Según Borges, en la Biblioteca Nacional había un empleado q[...]
dijo: «Si yo veo a un gaucho, en un caballo degenerado, lo bajo de un [...]
lazo». Por *caballo degenerado*, ese hombre entendía un pelo provenie[...]
de cruzas, más precisamente un overo rosado.[1]

Sábado, 23 de febrero. Contra lo prometido, Borges no vino a com[...]

Domingo 31 de marzo. Borges, en su prólogo, en la *plaquette* de [...]
cuento *Los afanes*,[2] dice que suelo leer la «Epístola a Horacio» y dem[...]
rarme en algún verso, como

1. Quizá alusión al célebre overo *rosao* —*i.e.*, tordillo con pintas rosadas— del pr[...]
verso del *Fausto* (1866) de Estanislao del Campo.
2. *Los afanes* [Ediciones de Arte Gaglianone, 1983].

1584

Borges de Adolfo Bioy Casares
Ediciones Destino
2006
Buenos Aires, Argentina

La náyade en el agua de la fuente.

Por teléfono me dice que leyó en no sé qué edición:

La náyade en las aguas de la fuente

[...]tuosos. Por mala que sea [...]estra [...] traducción, será mejor que la de *Ham-let*, de Gide». Dijo también que hoy nadie escribe en una prosa gramatical o coloquialmente aceptable.

Domingo, 17 de febrero. Murió Beppo, el gato de Borges. Según Fanny, la cocinera, al morir no maulló sino que exclamó: «¡Ay!».

Según Borges, en la Biblioteca Nacional había un empleado que dijo: «Si yo veo a un gaucho, en un caballo degenerado, lo bajo de un balazo». Por *caballo degenerado*, ese hombre entendía un pelo proveniente de cruzas, más precisamente un overo rosado.[1]

Sábado, 23 de febrero. Contra lo prometido, Borges no vino a comer.

Domingo 31 de marzo. Borges, en su prólogo, en la *plaquette* de mi cuento *Los afanes*,[2] dice que suelo leer la «Epístola a Horacio» y demorarme en algún verso, como

Ahora se me ocurre que la segunda *ondas* de la edición de [...]
[...]de ser un descuido del impresor.

Domingo, 21 de abril. En un reportaje a Borges, el periodista es[...], sin duda comentando palabras dichas en la entrevista, que «hace [...]chos años, más de cincuenta, cuando Jorge —Georgie— y Bioy Ca[...] —Adolfito— eran dos adolescentes, ambos tenían por costumbre [...]morarse perdidamente al mejor estilo de Dante». En cuanto a que

Diario de Bioy Casares

El recuerdo de Franca sobre la entrega de los poemas también es un poco distinto al de Rey. Ella dice que Rey no pudo llevarse los poemas, sino que ella tuvo que volver, sola, a casa de Borges, para recogerlos. Cuenta que también Borges la hizo pasar a su cuarto porque, según le dijo, no había tenido tiempo de hacer las correcciones para que se los pasaran en limpio: «Era un dormitorio muy simple, conventual, franciscano. A los pies de la cama había un pequeño mueble con unos cajoncitos y de ahí saqué los poemas que Borges me indicó. Borges me pidió que se los leyera. Empecé a leer y yo leía según el sentido. Me dijo que los estaba leyendo muy mal; que marcara la entonación de cada verso, con una pausa al final. Por último, después de hacer unas cuantas correcciones, me entregó seis poemas escritos a máquina, con unos pocos cambios que él me indicó. Antes de entregármelos me pidió que se los volviera a leer».

La escritura de alguien que ve es muy distinta a la escritura de un ciego. El ciego debe crear los versos en la caja cerrada de su cráneo, e irlos memorizando para cuando tenga la ayuda de alguien que esté dispuesto a copiar el dictado. Antes de dictar, es importante ir puliendo las palabras en la memoria, escogerlas muy bien,

Aqui. Hoy.

Ya somos el olvido que seremos.
El polvo elemental que nos ignora
y que fue el rojo Adán y que es ahora
todos los hombres y que no veremos.
Ya somos en la tumba las dos fechas
del principio y del término, la caja
la obscena corrupción y la mortaja,
los ritos de la muerte y las endechas.
No soy el insensato que se aferra
al mágico sonido de su nombre;
pienso con esperanza en aquel hombre
que no sabrá que fui sobre la tierra.
Bajo el indiferente azul del cielo
esta meditación es un consuelo.

*Versiones que guarda
Franco Beer.*

Gratitudes

¡ Cuantas hermosas cosas ! Los confines
de la aurora y del Ganges, la secreta
alondra de la noche de Julieta.
El pasado está hecho de jardines.
Los amantes, las naves, la curiosa
enciclopedia que nos brinda ayeres,
los ángeles del gnóstico, los seres
que soñó Blake, el ajedrez, la rosa,
el Cantar de Cantares del hebreo,
esa flor que florece en el desierto
de la atroz Escritura, el mar abierto
del álgebra y las formas de Proteo.
Quedan tantas estrellas todavía;
suspendo aquí mi vana astronomía.

Mejico 564

Los órdenes de libros guardan fieles
en la alta noche el sitio prefijado.
El último volumen ha ocupado
el hueco que dejó en los anaqueles.
Nadie en la vasta casa. Ni siquiera
el eco de una luz en los cristales
ni desde la penumbra los casuales
pasos de vaga gente por la acera.
Y sin embargo hay algo que atraviesa
lo sólido, el metal, las galerías,
las firmes cosas, las alegorías :
el invisible tiempo que no cesa,
que no cesa y que apenas deja huellas.
Ese alto río roe las estrellas.

Nota : Mejico 564 es la dirección de la Biblioteca
       Nacional en Buenos Aires de la cual Borges
       fue Director de 1955 a 1973.

y repetirlas para que no se escapen. Es natural, entonces, que aquello que escribió Borges después de su ceguera completa, sea breve: es muy difícil memorizar una novela, o el capítulo de una novela, o incluso un cuento largo. Hay un poema suyo, «Un sábado», en el que Borges cuenta cómo, en la soledad de su casa, va escribiendo: «Un hombre solo en una casa hueca…» empieza y al final relata: «Sin proponérselo,/ se ha tendido en la cama solitaria/ y siente que los actos que ejecuta/ interminablemente en su crepúsculo/ obedecen a un juego que no entiende/ y que dirige un dios indescifrable./ En voz alta repite y cadenciosa/ fragmentos de los clásicos y ensaya/ variaciones de versos y de epítetos/ y bien o mal escribe este poema».

La corrección venía después, con ayuda de cualquiera que estuviera a su alcance.

Así, en el recuerdo de Franca, los poemas llegaron a sus manos, y poco después se los enviaría a Jean-Dominique a París, pero también hizo una copia más, para ese amigo de infancia, Coco Romairone, que vivía en Mendoza. Sabía cuánto amaba él a Borges y quiso hacerle el regalo. Después Coco haría una copia para Juan

López, quien a su vez se los daría a Jaime Correas, que entonces… Ya ustedes saben.

Hay algo más que demuestra que la señora Beer no miente, ni tampoco Rey, así los dos recuerden haber leído en voz alta los mismos poemas frente a Borges. En un ciego esta práctica no sólo era corriente, sino indispensable. Pero la mejor demostración de la veracidad de sus palabras es la carta de Franca Beer a Jean-Dominique Rey, que es de apenas tres días antes (cada vez me convenzo más de que estos sonetos se salvaron del olvido por un pelo) de que Borges emprendiera su último viaje a Europa, del que ya nunca regresaría. La carta, por ser muy recientes los hechos, reconstruye lo verdaderamente ocurrido con rapidez y sin titubeos. Está escrita en francés, y dice así:

> Buenos Aires, le 25 Novembre, 1985
>
> Cher Jean-Dominique,
>
> Deux lignes pressées, je suis en train de partir pour le Centre et je veux t'envoyer cette lettre. Je ne peux pas te resoudre l'effort absolument surréalistique pour obténir les poèmes de Borges: il avait *tout* oublié et il m'a renvoyé par téléphone une dizaine de fois d'une semaine à l'autre, d'un

jour à l'autre, jusqu'à que je me suis rappelée de la dame qui l'attendait quand tu es parti pour Ezeiza, et elle l'a appelé pour lui dire, mais d'un jour par l'autre il s'oublie, en fin, quand j'était face à lui il veulait me renvoyer pour la semaine prochaine, en dissant qu'il n'avait pas de poèmes, mais heureusement j'avait ton papier avec le lieu où tu les avais laissés, et ils étaient là. Bon. Les voilà, mais je t'assure que je croyais ne pas pouvoir les obténir. […]

Pour le moment je t'embrasse; mis meilleurrs amitiés, Franca.

Incluso Borges, el memorioso, olvidaba algo de vez en cuando. O quizá no quería ya publicar esos poemas, o tal vez estaba demasiado nervioso con su enfermedad y al mismo tiempo con ese viaje planeado casi en secreto junto a María Kodama. Lo que ocurría dentro de él no podemos saberlo, pero lo cierto es que en aquellas últimas semanas suyas en Argentina, no dejó nunca de trabajar ni de ver algunos amigos. Juan Gustavo Cobo Borda, un poeta colombiano, cuenta que en ese mismo mes de noviembre almorzó con él, e incluso hubo una discreta alusión a sus dolencias. El 11 de ese mismo mes firmó el prólogo para una nueva antología, y hasta escribió otro soneto inglés

Buenos Aires, le 25 Novembre, 1985

Cher Jean-Dominique,

deux lignes pressées, je suis en train de partir pour le Centre
et je veux t'envoyer cette lettre. Je ne peux pas te raconter
l'effort absolument irréalistique pour obtenir les poèmes de
Borges: il avait tout oublié et il m'a renvoyé par téléphone une
dizaine de fois d'une semaine à l'autre, d'un jour à l'autre,
jusqu'à que je me suis rappelée de la dame qui l'attendait quand
tu es parti pour Ezeiza, et elle l'a appelé pour lui dire, mais
d'un jour par l'autre il s'oublie, en fin, quand j'étais face à lui
il voulait me renvoyer pour la semaine prochaine, en disant qu'
il n'avait pas de poèmes, mais heureusement j'avait ton papier avec
le lieu où tu les avais laissés, et ils étaient là. Bon. Les
voilà, mais je t'assure que je croyais ne pas pouvoir les obtenir.

Je te joins aussi les choses de l'archive de la Nation et la photo
de Calderella avec sa facture.

Si tu veux, je peux le lui payer et on le déduire de l'argent que
je te dois. Dis-moi si tu es d'accord ou si l'Editrice a un autre
moyen pour le payer.

Mon fils est parti pour le Brésil, il va t'écrire (j'espère qu'il
le fasse rapidement) pour te donner ses conditions. De toute
façon je chercherai de lui parler par téléphone aujourd'hui pour
lui rappeler que tu es très pressé.

Demain nous partons pour San Juan pour trois jours, G. est jury
d'un concours.

Entre inondations et pluies, maintenant le soleil est retourné.
Nous sommes heureux pour l'atelier à Paris et nous allons obtenir
la lettre d'Alfonsin pour le deuxième atelier, le définitif.

Pour le moment je t'embrasse et je t'écrirai plus calmement,

mes meilleurs amitiés.

Franca —

Nous avons écrit à J-François —

(titulado «1985» y nunca recogido en sus obras), que dejó en manos de uno de sus últimos amanuenses, Roberto Alifano. ¿No sería Alifano el copista de los cinco poemas entregados a Rey? Dos veces he estado a punto de verme con él, pero en el último momento ha surgido siempre algún inconveniente, así que no lo sé.

Pero vuelvo a mi conversación con Franca Beer. Hablamos también de su marido y del retrato de Borges que él hizo mientras Rey lo entrevistaba, en septiembre del 85. Vamos a una casa contigua, donde está el taller de Roux y también el archivo de su obra. Después de mucho buscar en infinidad de archivos y cajones da con un sobre de manila amarillo, que dice en letras grandes: «Original retrato Borges».

Volvemos a la casa principal, con el sobre en la mano. A todas estas, el señor Roux ya ha bajado y está también en el comedor. Es calvo, grande, amable y lleva un vistoso suéter amarillo. Franca le cuenta brevemente la historia del poema en el bolsillo. El señor Roux se interesa y recuerda vívidamente la vez en que acompañó a Jean-Dominique durante aquella entrevista, recuerda su dibujo. Sacamos el retrato del sobre. Como yo ya sabía algo que me había

ORIGINAL
RETRATO
BORGES

dicho Rey (que él guardaba en su casa el retrato pintado por Roux) pongo en duda que el papel que sacamos del sobre sea un original, tal como ahí está escrito.

La memoria es así. Tanto Guillermo Roux como Franca se extrañan. Sostienen que es este el original. Sin embargo, como es un dibujo a lápiz, el señor Roux saca un borrador e intenta borrar un detalle, un pedacito. No borra. Es una copia, evidentemente, lo tienen que admitir ambos. Entonces Guillermo Roux va por un lápiz, y se pone a dibujar, copiando de su propio retrato, un nuevo rostro especular de Borges. Lo pinta con facilidad, casi de memoria. Al terminarlo, toma la hoja con las dos manos, me la entrega y me dice: «Ahora es un original. Se lo regalo».

Volví a mi hotel en Buenos Aires, a pocas cuadras de la calle Maipú, aliviado y seguro, en cierto modo feliz. También los poemas de Borges, empezando por el poema del bolsillo, volvían a ser originales suyos. Había algunos hechos borrosos, había detalles que no coincidían exactamente, pero así son la memoria y el olvido. Cuando Tenorio leyó el borrador de esta historia, que publiqué en el diario donde trabajo, *El Espectador*, volvió a hacer lo posible por aparecer como el autor de los poemas.

Guillermo Roux
dibuja a Borges
nuevamente.

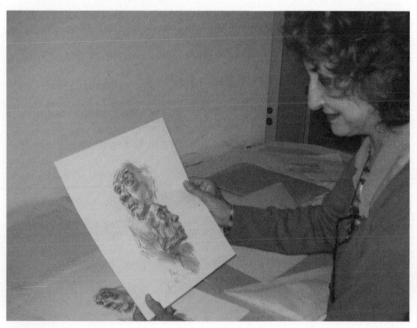

Le escribió al director del periódico una carta donde
decía que él mismo se los había entregado a mi padre,
delante de testigos todos muertos, «a finales de 1986, una
mañana de sábado»… Más adelante, ya en un delirio que
quería ser gracioso, escribió que el mismo sicario que
mató a mi padre le metió el poema en el bolsillo, después
de disparar. Sus nuevos inventos y mentiras, aunque
malignos, solo hacen sonreír. Porque el hecho es que creo
que ya no cabe ninguna duda de que el poema, los cinco
poemas, o los seis, si prefieren, los escribió Borges, y si
todos mis sentidos no me traicionan, me parece que así lo
demuestra la historia que aquí termino de contar.

Quiero concluirla con una reflexión: soy un olvidadizo,
un distraído, a ratos un indolente. Sin embargo, puedo decir
que gracias a que he tratado de no olvidar a esta sombra,
mi padre —arrebatado a la vida en la calle Argentina de
Medellín—, me ha ocurrido algo extraordinario: aquella
tarde su pecho iba acorazado solamente por un frágil papel,
un poema, que no impidió su muerte. Pero es hermoso que
unas letras manchadas por los últimos hilos de su vida hayan
rescatado, sin pretenderlo, para el mundo, un olvidado
soneto de Borges sobre el olvido.

Retrato de Borges por Guillermo Roux
2008
Buenos Aires, Argentina

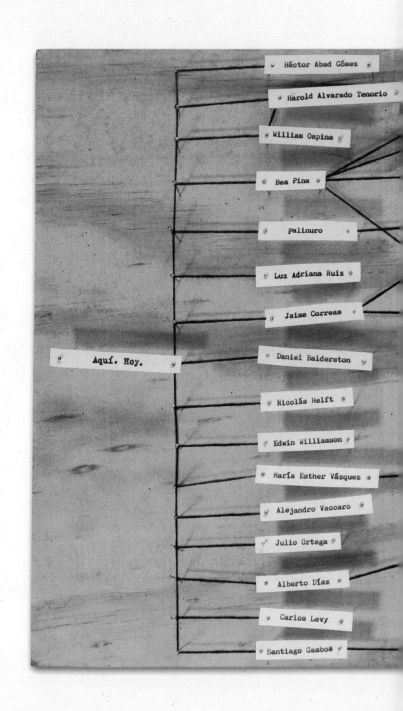

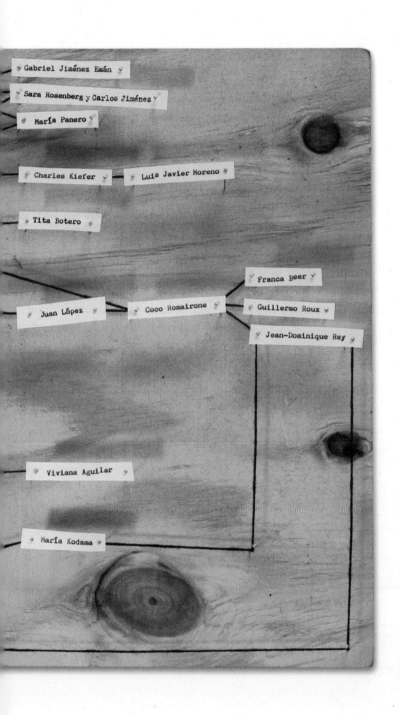

Gabriel Jiménez Emán

Sara Rosenberg y Carlos Jiménez

María Panero

Charles Kiefer   Luis Javier Moreno

Tita Botero

Franca Beer

Juan López   Coco Romairone   Guillermo Roux

Jean-Dominique Rey

Viviana Aguilar

María Kodama

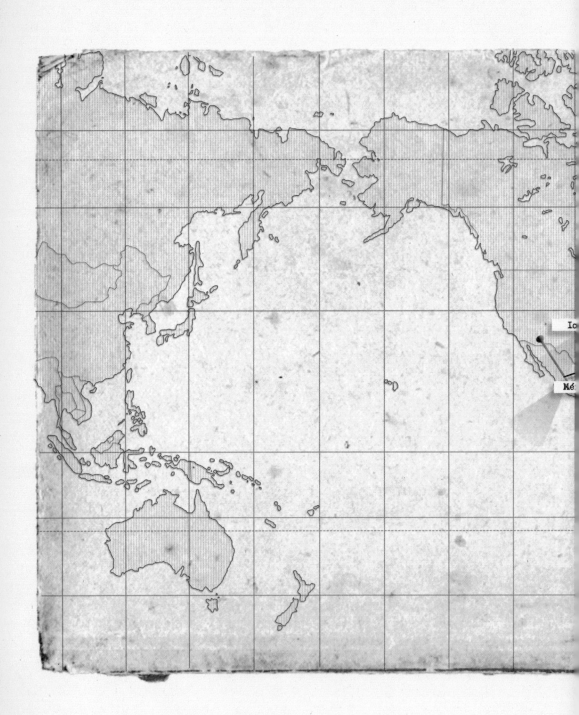

Io

Mé

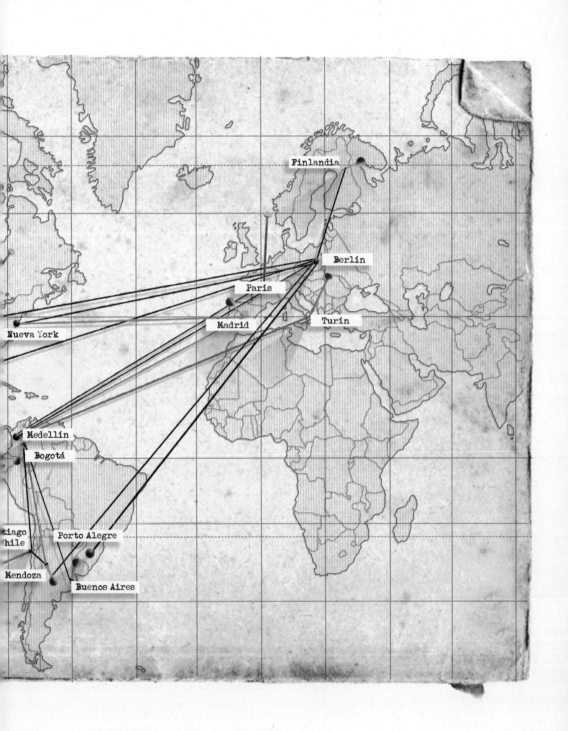

Finlandia

Berlín

París

Madrid   Turín

Nueva York

Medellín

Bogotá

tiago
hile   Porto Alegre

Mendoza   Buenos Aires

Un camino equivocado

1

Yo mecía ante mis ojos, como un péndulo, el reloj del arzobispo. Iba a venderlo, o por lo menos iba a vender la cadenita, pero antes trataba de recordar el nombre exacto de la tal cadenita. Era un reloj de bolsillo, de oro macizo, hecho en Suiza aunque marca Ferrocarril de Antioquia, con unas loras o guacamayas labradas en las tapas, en medio de una selva lujuriosa. Le había dado cuerda y después de mecerlo lo abrí para mirar el segundero y tomarme el pulso. Íbamos al unísono, como siempre, el reloj y mi corazón: yo sesenta pulsaciones y él sesenta segundos por minuto. ¿Cómo iba yo a vender el reloj de mi tío el arzobispo?

Hambre, lo que se dice hambre, no estábamos pasando. Lo cierto es que la carne nos resultaba tan

cara que nos habíamos vuelto vegetarianos a la fuerza y
ya no comprábamos libros ni queso parmesano; que yo
leía *La Stampa* en el bar (con la vergüenza de no poder
pedir siempre un *espresso* mientras la miraba), que no
habíamos vuelto a cine y que mi hija jugaba siempre
con el mismo juguete (una finca de plástico). Mi hija
tenía casi dos años y acababa de salir de Colombia; en
Colombia su pasión habían sido las fincas porque le
encantaban los animales: los perros, los caballos, las
vacas, las gallinas. Le hacía mucha falta el campo, los
espacios verdes, abiertos, despoblados, que son lo mejor
de Colombia y lo más escaso en Europa, y por eso le
habíamos comprado una granja de plástico y ella jugaba
todo el día con la granja. Me parece que jugando ella
volvía con la imaginación o con el recuerdo a la finca que
mi familia tenía cerca de Medellín. La finca de plástico
era para ella como el reloj de oro para mí: la muestra
de que en otro tiempo —apenas unos meses antes—
habíamos sido más felices y más ricos.

Vivíamos en Borgo San Paolo, el barrio obrero de
Turín, donde una amiga, Emiliana Bolfo, nos había
cedido su apartamento alquilado por la tarifa del *equo*

canone, es decir, por un arriendo baratísimo, muy inferior al del mercado. Esta amiga, una comunista fervorosa, se había ido como trabajadora voluntaria a Cuba, la patria del socialismo, y mientras tanto —por solidaridad con estos prófugos del Tercer Mundo— nos había cedido su apartamento barato. Había, sin embargo, un grave riesgo de regreso: en cada carta que llegaba de La Habana (nosotros las abríamos con terror) su fervor comunista se veía disminuir, y en la última anunciaba que ya Fidel la tenía hasta la coronilla, que ya no podía más de vivir sin agua corriente, sin queso, sin aspirinas, sin frío, sin periódicos, sin todas esas cosas que en Cuba hacían falta. Si nuestra amiga llegaba a desencantarse del todo del socialismo real, si le daba por volver de Cuba, quedábamos en la calle. Yo hubiera querido escribirle apelando a su conciencia revolucionaria e insistirle en que por la causa tenía que resistir, hubiera querido invocar incluso el glorioso recuerdo de la Resistencia italiana, decirle que los suyos eran los sacrificios que imponía el infame bloqueo norteamericano, pero mi hipocresía no llegaba a tanto y solo le contestaba que si tenía que volver, pues tranquila, que volviera, qué se le iba a hacer, nosotros le entregaríamos su apartamento barato.

Así que yo mecía el reloj del arzobispo ante mis ojos, cogiéndolo por el gancho de la cadenita y haciéndolo mover en forma de péndulo, como hacen los hipnotizadores y magos de los circos y la televisión. Al frente del apartamento quedaba una joyería que tenía un letrero: «Si compra oro e argento». En el mostrador de esa joyería ya habíamos dejado, en semanas anteriores, las dos monedas de oro heredadas del abuelo de mi esposa que, como un viático, nos había entregado mi suegra al salir de Medellín. También allí había quedado una medalla milagrosa de Nuestra Señora del Perpetuo Socorro, que nos había dado una tía piadosa la tarde de la fuga. El viático que nos había dado mi mamá era el reloj de oro del arzobispo. Me hipnotizaba con el reloj, tratando de que el vaivén me ayudara a tomar una decisión sensata.

El joyero ya me había hecho un avalúo: «Per quest'orologio gli darei anche un milione di lire, è un bel orologio». Un millón de liras daba para vivir cómodamente un mes. ¿Y al mes? Al mes ya veríamos. Pero en mi casa no me habían entregado ese reloj heredado de generación en generación para que lo vendiera; mi mamá me lo había entregado con solemnidad, como quien entrega un estandarte y al mismo tiempo un escapulario. Sí, era una especie de reliquia o amuleto de la buena suerte. Yo no creo en escapularios ni en amuletos, tampoco en la buena suerte, y por eso no había tenido reparos en vender la medallita milagrosa de la Virgen del Perpetuo Socorro, pero no quería vender el reloj. Me parecía bonito, y latía al mismo ritmo que mi corazón. Es verdad que cualquier otro reloj latiría al mismo ritmo, pero para mí era distinto, su tictac se parecía hasta en el ruido al bombeo de mis sístoles y de mis diástoles. Además, era un recuerdo de familia. Había sido un regalo del bisabuelo al arzobispo. Mi abuela se lo había dado a mi papá el día de la muerte del arzobispo. Y mi mamá me lo había dado a mí el día que mataron a mi papá. Así se lo había dicho yo a mi amigo Alberto Aguirre, un escritor que había tenido que escaparse también de los sicarios, y él me había dicho casi con desprecio: «eso es puro animismo, no seás pendejo, vendé ese reloj». Está bien, yo sabía que lo que él decía era verdad, pero sea por lo que sea, me resistía a vender el reloj. Venderlo era como aceptar que ya sí estábamos en las últimas, era tirar los restos.

¡Leontina! La palabra que estaba buscando era leontina. La buscaba porque es una de esas palabras que me fascinan por exactas, pero que siempre se me olvidan porque las uso poco. Palabras como pabilo, conticinio, badajo, palabras de gran sonoridad y precisión, pero que siempre tengo que hacer un esfuerzo mental para poder recordarlas, porque los idiomas se vuelven cada vez más un instrumento rápido, de lenguaje televisivo, elemental, útil, pragmático, en el que los nombres de todas las cosas son reemplazados por la palabra *cosa*, y casi nadie se toma el trabajo de usar la palabra exacta para decir la cosa exacta, pues puede señalar y decir *cosa* o hacer el dibujito o mostrar la cosa en la pantalla.

Yo estaba buscando la palabra con el único fin de tomar una decisión definitiva sobre si vender la cadenita del reloj o no. Sabía que era fácil vender una cadenita; pero también sabía que era más difícil vender una cosa que se llamara con esa palabra exacta con que se llamaba la cadenita. No es lo mismo vender una leontina que una cadenita. Pero la palabra leontina no me pareció tampoco tan respetable, así que decidí venderla de todas maneras, y mejor sería apurarme porque era sábado por la tarde y en cualquier momento cerraban la joyería.

—¡Ya vengo! ¡Torno subito! —avisé en itañol. Desprendí la leontina del reloj, lo guardé en el cajón y salí con la cadena en el bolsillo.

A Bárbara, mi mujer, la enfurecía que yo vendiera las cosas. No le parecía que la situación estuviera para tanto. A ella nada, ni lo más grave, le parecía nunca demasiado grave. Una vez en Medellín yo la vi salir de la cocina de la casa caminando y, sin alzar siquiera la voz, me dijo: «Creo que la cocina se está incendiando». Yo me asomé y salían llamaradas rojas por las ventanas. Era así; nada podía alterar su serenidad. Era, y sigue siendo, una persona tranquila, parsimoniosa, mansa. Aunque no tuviera ni una moneda en el bolsillo, no se sentía mal. Sonreía, siempre sonreía. Pero yo no soportaba sentirme día tras día sin una sola lira en el bolsillo. Yo, en Colombia, no había sido nunca pobre. Rico tampoco, pero nunca pobre.

—Si la niña se enferma y hay que salir corriendo para el hospital, entonces qué, ¿con qué pagamos el taxi?

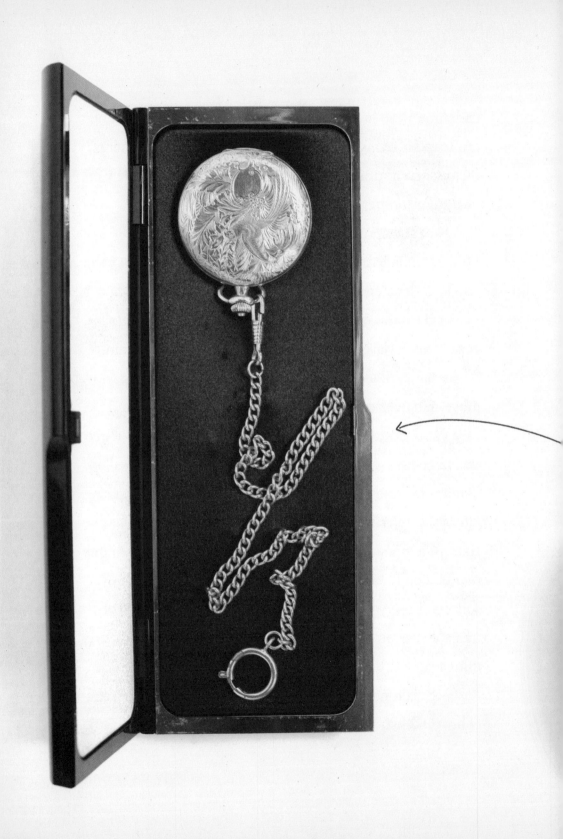

La leontina ya no
es de oro

—Ella no se va a enfermar, tranquilo —contestaba
Bárbara—, o si se enferma llamamos a algún amigo para
que nos lleve, aquí el hospital es gratis, paga la mutua, ¿o
si no para qué nos vinimos a vivir en un país civilizado?

Pero yo no estaba tranquilo sin un peso, sin una lira, y
fui a la joyería a vender la leontina del reloj del arzobispo.
La leontina, me daba cuenta al tocarla en el bolsillo, no
me importaba nada. El joyero se puso duro, como siempre
que el negocio se le planteaba en serio. Sin mirarme ni
una vez a los ojos, pesó la cadena, la frotó contra una
piedra esmerilada, luego le echó un líquido a la ralladura
de oro, observó los cambios en el color, pareció satisfecho.
Al fin, después de regatear un poco, me dio setenta mil
liras. Fui al bar, pedí un vino blanco frío, de Custoza, y leí
sin complejos y sin prisa *La Stampa*. Vi que estaban dando
una película de Woody Allen, *Zelig*, que parecía buena.
Volví corriendo al apartamento y dije todo contento:

—Hoy tenemos programa. Pizza y cine. Dan una
nueva de Woody Allen, *Zelig*.

Mi mujer sonreía con todos los dientes blancos,
blanquísimos, extrañamente animada. Sabía que yo había
vendido algo, pero no preguntaba qué. Ella se enfurecía si

yo le consultaba o le contaba que iba a vender algo. Pero una vez vendido, sabía que ya no había nada qué hacer; además, le encantaba ir a cine y llevábamos semanas sin ver una película. Tal vez por eso, solamente dijo:

—Ojalá a la niña no le dé por llorar en el cine. Si no, nos toca salirnos, como la otra vez.

Pero ella casi nunca lloraba en el cine. Le gustaban las películas casi más que a nosotros, las veía con una fijeza y una atención alucinada, aunque seguramente no entendía nada: tenía menos de dos años.

2

Yo había llegado a Turín en enero y sin ropa de invierno. Mi mujer y mi hija llegarían un mes más tarde. Al salir del aeropuerto, al montarme al bus, tembloroso, lleno de frío y de nervios, se me había caído, sin que me diera cuenta, un maletín de mano en el que llevaba mi pasaporte, una carpeta con proyectos y borradores de cuentos, y unos tres mil dólares en billetes —el fruto de la venta del carro y de los muebles en Colombia— que debían servirnos para sobrevivir los primeros meses, mientras yo encontraba algún trabajo. Cuando llegué al hotel la primera noche, un hotelito barato en Piazza Lagrange, en el momento en que iba a registrarme y me pidieron un documento, me di cuenta de que se me había perdido todo: pasaporte, billetes de verdes dólares, cuentos. Llevaba muchos días sin llorar, pero ahí, frente al conserje del hotel, se me salieron las lágrimas. ¿Lamentaba la pérdida del pasaporte, me preocupaba por los cuentos perdidos? No, francamente creo que lloraba por la plata. El conserje se apiadó y me dejó dormir en un sofá apartado del vestíbulo, contraviniendo la ley y sin cobrarme. Al otro día madrugué con el ánimo deshecho, y con la plata de bolsillo compré un tiquete de tranvía para ir hasta la *questura* de Turín a poner el denuncio.

Los funcionarios se murieron de risa. Dijeron: «È la prima volta che questo accade, non un colombiano che ruba, ma un colombiano che è stato derubato, incredibile!». Tenían mucha experiencia con los colombianos que robaban, pero nunca les había ocurrido que le robaran a un colombiano. No podían creerlo y se reían. Se reían, pero al mismo tiempo me miraban con recelo, no acababan de confiar en mi versión. Pensaban que yo ponía un denuncio falso para poder cobrar un

seguro, o para engañar al banco o para algo en todo
caso turbio y truculento. Tanto que me pasaban de
funcionario en funcionario haciéndome interrogatorios
cada vez más largos y llenos de sospechas. Eso me salvó.
En la oficina del cuarto funcionario al que me llevaron,
encima de su escritorio, intacto, perfecto, estaba mi
maletín de mano. Me abalancé sobre él dando gritos de
júbilo. Me lo arrebataron furiosos de las manos. Pero
describí tan bien su contenido, papel por papel, billete
por billete, hoja por hoja, letra por letra de mis cuentos,
que tuvieron que aceptar que era mío. Además el tipo de
la foto del pasaporte se parecía a mí y mis huellas digitales
coincidieron con las del papel. Ese golpe de suerte me
salvó del desastre y me dio confianza de haber llegado
a un país menos tremendo. Alguien había devuelto el
maletín sin tocar su contenido, sin abrirlo siquiera.

Hacía frío. Tenía los nombres de algunas personas de
Amnistía Internacional, que me había mandado por carta
un señor de Boston al que no conocía, Gary Emmons, y
gracias a cuyos dólares, enviados también por carta, en
travellers checks, pude comprar la finca de plástico de
mi hija. Gracias a esos datos me puse en contacto con el

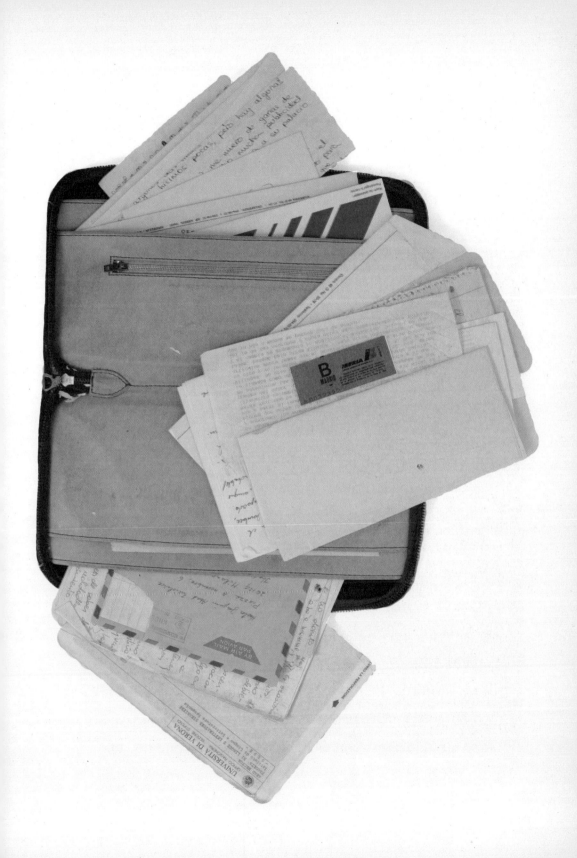

grupo de Amnesty de Turín, cuyos miembros fueron muy generosos conmigo desde el primer día. Generosos en todo, hasta en la ropa de invierno.

Un militante de Amnistía Internacional, Edoardo Cupolo, me regaló un viejo abrigo de paño de camello, que tal vez había sido de su padre, un hombre corpulento, seguramente muy alto y muy gordo, mucho más alto que yo, eso seguro, e incluso también más gordo. El abrigo era color camello y olor de camello. Yo me acordé de un chiste de la infancia: «¿A qué huelen las gibas del camello? A culo de árabe». Seguramente había estado guardado por años en un sótano. Pero era caliente. Lo llevé a una lavandería y salió un poco más viejo, con menos pelos, pero sin olor. Me lo puse, me lo puse siempre durante cuatro inviernos, y aunque me quedaba nadando de ancho y muy muy largo, como una sotana de cura, de ahí en adelante lo llevaba siempre. Es más, seguí guardando el abrigo durante muchos más años, incluso cuando ya casi nunca me lo ponía. Era como una máscara y un recuerdo de lo que yo había sido, del disfraz que fui yo durante mucho tiempo. Anna, una amiga, cada vez que me veía llegar con el abrigo, me decía: «Sembri un

esule sovietico», y se moría de risa de que yo pareciera
un refugiado soviético. Creo que por ese chiste de mi
amiga me ponía siempre el abrigo; me gustaba parecer un
refugiado soviético. O mejor dicho: prefería parecer un
exiliado soviético. Siempre había sentido repudio por los
exiliados latinoamericanos, con esa mirada triste, ese aire
miserable, esas ganas morbosas de ser compadecidos, esas
historias interminables, desoladoras, inconsolables, sobre
los milicos y los desaparecidos, esas quenas eternas en las
esquinas, con el lamento perpetuo de la música andina.
Toda una evocación permanente de nuestras lacras, de
nuestros dolores, de nuestro destino de derrotados,
de nuestros Tristes Trópicos y nuestros tristes tópicos.
No, no decían mentiras y denunciaban de verdad cosas
atroces, pero parecía que se les hubiera rayado el disco de
la vida, siempre en la misma parte, repitiendo siempre el
mismo sonsonete. Y por supuesto la misma música: Inti-
Illimani, Mercedes Sosa, Atahualpa Yupanqui, Víctor
Jara, la nueva trova cubana. Yo estaba hasta aquí. Eran,
casi todos, argentinos y chilenos, llevaban decenios de
exilio en Italia, y yo les sacaba el cuerpo como si fueran
leprosos. Mejor dicho: yo también era leproso, y tanto

como ellos. Pero no por eso me gustaba convivir con los leprosos.

Por algunos meses accedí a asistir a algunos actos organizados por Amnesty. Era mi manera de agradecerles su ayuda. Eran jornadas terribles en las que me sentaban al lado de un surafricano del partido de Mandela, de un exiliado rumano o soviético de verdad verdad (con su gorro de piel de oso, no como yo con mi abrigo de camello) y de algún compañero chileno o argentino que inevitablemente me abrazaba y lloraba. A mi turno yo tenía que denunciar la situación de Colombia, los grupos paramilitares, los narcotraficantes, los militares, los asesinatos de defensores de los derechos humanos, toda esa porquería colombiana que es cierta, pero de la que uno no quiere hablar todo el tiempo (en Colombia porque es peligroso, y fuera de Colombia porque quiere olvidar). Yo hablaba y me oía hablar y no me creía lo que estaba diciendo. Yo no decía ninguna mentira, contaba con detalles, por ejemplo, el asesinato de mi papá, sus luchas llenas de sentido y de valor, los asesinatos de sus amigos, los asesinatos y los asesinatos y las amenazas y el miedo y la impunidad y las masacres y todas esas palabras que uno dice y parecen sinónimas de mi país. Pero yo me veía ahí como un payaso, representando un papel trágico ante un auditorio que curaba o intentaba curar toda su mala conciencia con su atención compungida y su mirada solidaria. Al final de mis exposiciones me decían que iban a organizar colectas para enviarle plata a la guerrilla colombiana y en vano yo trataba de explicarles que los de la guerrilla también eran Fuerzas Armadas y que como tales cometían atrocidades, secuestraban gente, mataban campesinos, así que enviarles donaciones era solamente echarle más leña al fuego. Era difícil, muy difícil de explicar quiénes eran los buenos y quiénes eran los malos en Colombia, donde —a diferencia de las películas de vaqueros— todos los malos tienen algo de buenos, y donde a todos los buenos, tarde o temprano, se les sale su ladito malo.

Una vez, con mi amigo Alberto Aguirre, la gente de Amnesty nos invitó a un gran concierto de rock en Turín. Ellos estaban organizando conciertos por los derechos humanos en todo el hemisferio occidental. En el de Turín cantaban Sting, Bruce Springsteen (*The Boss*), Peter Gabriel, Whitney Houston y un cantante italiano que

servía de telonero, es decir, de abrebocas para empezar
el espectáculo, Claudio Baglioni. Confieso que ni antes
ni ahora he sido un apasionado de la música rock y que
mi predilección iba más bien hacia los compositores
soviéticos perseguidos por Stalin, como Shostakovich.
Nunca recuerdo, en cambio, los nombres de todas estas
estrellas de la farándula que mueven multitudes. Incluso
en el instante en que escribo esto he tenido que llamar por
teléfono a mi amigo Aguirre para preguntarle los nombres
de los cantantes de esa noche memorable que he olvidado
casi por completo, pero que él recuerda a la perfección
gracias a su memoria de elefante y gracias también a que
después de haber vivido más de setenta años todavía
se actualiza en música y disfruta del rock con la misma
intensidad de una adolescente enamorada.

En fin, todos estos cantantes ofrecían su espectáculo
a favor de los perseguidos del mundo. Y como se suponía
que yo estaba entre esos perseguidos, y me imagino que
en cierto sentido lo estaba, entonces la rueda de prensa de
los cantantes se hacía también con nosotros. Un montón
de jóvenes y jovencitas enardecidas daban alaridos ahí
al frente e intentaban tocarlos y medio se desnudaban

delante de los cantantes como para seducirlos, pero ellos permanecían impasibles, inmutables ante tanto alboroto (seguramente acostumbrados a esas muestras de histeria colectiva en todas partes), y las muchachitas más empezaban a seducirme a mí que a los cantantes, a mí que ni me miraban, porque yo y los otros fugitivos del mundo estábamos sentados al lado de los ídolos y veíamos más el espectáculo del público que el de los cantantes. Ellos eran los ídolos y se suponía que nosotros éramos los héroes, mártires de todo el mundo y de todos los colores, jodidos, perseguidos, pobres, caritristes, con los ojos rojos, completamente desconocidos, con cara de lunáticos, como leprosos, como ositos panda a punto de extinguirse. Desde ese día comprendí que Amnesty International era una especie de WWF para los jodidos humanos del Segundo y del Tercer Mundo. Nosotros éramos los ositos panda, yo un osito panda con pelo de camello.

Era muy raro estar ahí al lado de esos cantantes por los que la multitud daba alaridos y entraba en una especie de delirio contagioso. Yo con mi abrigo de camello sobre las rodillas y mi mirada perdida, el exiliado soviético con sus ojos tristes que tenían el color del hielo de la tundra,

BRUCE SPRINGSTEEN
Lunga strada della consapevolezza

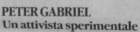

Sono sei i protagonisti della lunga serata italiana di Amnesty. Queste le loro storie professionali e umane, fra musica e impegno civile.

PETER GABRIEL
Un attivista sperimentale

TRACY CHAPMAN
Una Jesse Jackson con la chitarra

SPECIALE
LA STAMPA
ROCK PER UN'IDEA

La Stampa, No. 196
Septiembre 8 de 1988
Turín, Italia

STING - Schiaffi in note a Pinochet

E' decuramente il più bello. Fra quelli che saltarono sul palco del rock per i diritti civili...

CLAUDIO BAGLIONI
Superstar made in Italy

PER i concerti del tour «Human Rights Now!», in ogni paese un eroe nazionale si affiancava, con una sua performance, al quintetto fisso di star. A Parigi ha cantato Michel Jonasz, a Budapest la Hobo Blues Band. Erede italiano della musica pop, Claudio Baglioni porterà al «tournée» il suo pubblico affezionato, che è il cuore di un numeroso, entusiasta, ininterrotto e compatto che si possa trovare ancora oggi in Italia...

YOUSSOU N'DOUR
L'ultimo genio di mamma Africa

YOUSSOU N'Dour è nella grande band di Amnesty si raccomenda per meriti artistici suoi anche per rivelazione: da anni è iscritto all'organizzazione...

Come sopravvivere felicemente alla maratona musicale

O GNI volta, in occasione dei «Concerti allo stadio» — che oggi van di moda — con elettrizanti fiumi di Rock vi versati su esterrefatti gran masse di giovani — ci si domanda quali siano i prevedibili rischi per l'incolumità degli spettatori e quali le regole per uscirne ancora allegri, sani e intatti.

A maggior ragione può esser saggio — o perlomeno scaramantico — suggerir precauzioni oggi, in vista dell'oceanico concerto che — a memento e a favore di Amnesty International — riempirà lo stadio torinese di decine di migliaia di «tifosi»: questa volta non per le solite poche ore ma per quasi una mezza giornata di ininterrotta passione ritmico-sonora. Mentre gli altri, a casa, andranno a pranzo e poi a cena e poi a letto, loro — i 60 mila e più tifosi — saranno sempre lì, tra uno spintone, un sorriso e un ritmato alzar di mani, dalle 10 del mattino alla mezzanotte. Non è ancora una prestazione da scuola di sopravvivenza ma non è poco, come ritmica maratona; e avrà il peso di un clima, al meno in Italia, tra tutti i concerti «lunghi» di massa.

Certamente non è di buon gusto a ragione di possibili tediose e stressa e di barelle e infermeria, proprio in occasione di un fatto lieto e persuasivo che, questa volta — giusto a 40 anni dalla «Dichiarazione Universale dei Diritti dell'Uomo» — sarà anche di una partecipazione corale e di sentita consapevolezza umana. Ma non si vorrebbe che — mentre le «dutte stars» cantano, tra superelettriche chitarre, ritmi jazz, tamburi d'Africa e melodie all'italiana, le loro frasi anche noi sovrani «diritti dell'uomo» — tra la folla ci si dimenti

cesse dalle più ovvie regole del l'elementare «dirita allo star bene individuale» anche nell'affollamento.

Non occorre sicuramente il medico per ricordare che si fa presto a passare dalle più gioiosa e emotività all'incontrollata, e quasi patologica eccitazione isteroide o — quando si è in tanti di il colpo si sentì un vaso di coccio tra gli altri che premono — a più collettivo panico, e che le troppe scariche di adrenalina (e ormoni correlati) son fatte apposta per «reggere» ma condinarono di stretta misura con lo stress-distress.

I concerti di massa sono una bella occasione per affratellare, sia sempre con lo sporadico rischio, qua e là, di ininciare o opprimere. E' vero che, in ogni concerto sull'erba, vedi giovani improvvisamente sistemarsi e accompagnati una, tornare subito in campo trionfalmente guariti; ma queste non non cose che fan bene alla salute. Per ore coi sole a picco — quando ti sia sole ancora estivo — e poi, in magliette, col brivido da sera di settembre; e il quasi digiuno prolungato o il convialiale pasto incongruo, il troppo o il poco bere, non tutte cose che, nonassunte a tempone, possono metter fuggevolmente a malapartito.

E allora — senza pretesa di dir cose mediche ma solo di comunissimo buonsenso — rammentiamo, d'accordo con gli interessati, le cose a cui badare. Lo sapiamo tutti che: 1) il rischio del trovarsi spinti, pressati o schiacciati (tra gli altri o contro le indispensabili ma temibili transenne) nei e tanto maggiore quanto più si è vicini agli adorati divi; 2) la colpa di «sventurati» sta nell'improprio semidigiuno o nel

sovraccarico alimentare o nel troppo o troppo pochi liquidi; 3) la prudenza «antisedebria» vuole giusto abbigliamento, che tenga conto che di giorno, là in mezzo, si può soffrire la calura, e verso colpo di sole o la pioggia, e, la sera, il termometro che cala; 4) non mancheranno, in questo concerto-maratona, tutti gli ingredienti per la più prolungata eccitazione-passione. L'esaperata «elettrizzazione», da vera bufera interna neuro-ormonica, potrebbe fare andare in tilt i più suggestionabili tra i devoti del rock; o per chi soffrisse, in modo abituale o saltuario, di non perfettissima salute (a quelle età, forse non più del?) per milesi valga la maggior attenzione e il personalizzato consiglio del medico.

Sono cose note e acclarate, ma che forse, al ventenni, vanno ricordate: anche se cogliendo potrà osservare che, a quell'età, i loro padri e nonni — dei tempi di guerra e della ritirata in Russia — hanno affrontato ben altri problemi, senza troppi mammolstati sermoni.

Le previsioni? Alla fin fine andrà tutto benissimo, con un bilancio che, a fronte di qualche pallido e lieve svenimento, sarà tutto a favore, si spera, di un gran consenso al significato umano e sociale del concerto. D'altra parte davanti a certi concegli di prudenza — che vengono dal medico e, ancor più, dalle famiglie — il robusto, irrimediabilmente, dagli «aiutanti» — come impedire che sorridano, con sufficienza, i protagonisti del lungo e inebriante sit-in allo stadio? Il fatto è, non dimenticchiamolo, che loro, semplicemente e invidiabilmente sono giovani.

Ezio Minetto

Ecco come funziona la fondazione che si è accollata lo sforzo organizzativo del tour

Nella battaglia per la giustizia anche i contabili vanno al fronte

L ONDRA — «Con questi concerti speriamo di armare a tutti i giovani tra tutti il mondo — dice un portavoce di Amnesty International — i contabili che si esibiscono vogliono propagare i diritti dell'uomo, anch'essi vogliono promuovere l'idea, nessuno di loro esige di essere popolo».

Bruce Springsteen, Peter Gabriel, Sting, Tracy Chapman, Youssou N'Dour, si esibiranno in 20 città diverse, distribuite su cinque continenti.

Oltre alle cifre annunciate, altre stanno circondandone, e pare destinate ad aumentare ogni giorno. «Una importante oltre cortina, ma finché la cosa non è confermata, non possiamo far dichiarazioni», mi dicono la Amnesty. Pare che si tratti del l'Unione Sovietica.

«Naturalmente questi concerti costeranno moltissimo, in organizzazione, pubblicità, trasporti ecc». Ma la vendita dei biglietti dovrebbe coprire gran parte dei costi. Le perdite sono coperte co

munque e tutti i concerti sponsorizzabile, mi spiegano. Inoltre, in ognuno degli stadi dei luoghi dove canteranno i divi, si aggiungeranno un cantante dei Paese ospite. Uno che creda nei diritti dell'Uomo.

Perché, dice Franca Sciuto, presidente dell'esecutivo della Amnesty International, «40 anni fa i concerti delle Nazioni Unite fecero una promessa storica al mondo. Proclamarono per la prima volta che tutti gli esseri umani sarebbero stati riconosciuti come liberi e pari nei diritti e nella dignità. Ma quella promessa non è stata mantenuta», continua Franca Sciuto. «Di tre metà dei governi rappresentati nelle Nazioni Unite tengono i loro cittadini in prigione, in violazione dei diritti umani... In molte parti del mondo la gente viene rapita ad uccisa. Molti semplicemente "spariscono". Se vogliamo che i diritti dell'uomo vengano rispettati ora, dobbiamo agire ora».

La nuova campagna-rock di

Amnesty vuole navigare le coscienze, specie quelle dei giovani, a questi problemi. Le tel settimane di tournée, che andranno dal primo di settembre ad ottobre, vogliono ricordare i 40 anni che sono passati dalla dichiarazione dei Diritti dell'Uomo: verranno raccolte firme, replicate della Dichiarazione Universale verranno distribuite in ogni dove e in 58 lingue. Inoltre caricaturisti e disegnatori polacchi, russi, inglesi, canadesi, giapponesi, la fine di quell'anno già venivano organizzati gruppi internazionalli, 150 casi venivano investigati, delegazioni di Amnesty partivano alla volta dello Cecoslovacchia, del Ghana, della Repubblica Democratica Tedesca, del Portogallo.

Oggi, 27 anni più tardi, Amnesty conta oltre 700.000 soci distribuiti in oltre 150 Paesi del mondo. Dai suoi inizi il movimento ha studiato oltre 30.000 casi di prigionieri della coscienza, casi cioè di persone in prigione per i loro ideali. Negli Anni 80 dice Amnesty, ci sono prove che

Amnesty, odiata dai governi più biechi, appoggiata dai deboli, sopravvissuta indipendentemente un po' da tutti, è lo scudo che si è messo contro la tirannia. E' uno scudo democratico che si basa sul lato, sul consenso. Nacque a Londra il 28 maggio 1961 con una insersione. In poche settimane restinata di migliaia di offerte arrivavano sulla scrivania dell'avvocato Peter Benenson. Alla fine di quell'anno già venivano organizzati gruppi internazionali, 150 casi venivano investigati, delegazioni di Amnesty partivano alla volta della Cecoslovacchia, del Ghana, della Repubblica Democratica Tedesca, del Portogallo.

Se Amnesty con estremo mese della città per il notizie, certo, e perché quella della sponsorizzazione delle di quanto si pensava caso, come al donato, gruppo indipendente certa for Human Rights tion — «si organizza a tra», a garantire i concerti l'operazione non è delle coprirà i costi, ma il surplus andrà ad Ar

In una situazione con inglese che si avvicina più all'americana, la razione delle arti sta di e proprie dite che si di vendere gli eventi sistia, trattenendo il 20 giustizia. I concerti anno stati organizzati dai contabili dei Concerts for Human Rights Foundation, un gruppo indipendente di New York. Il suo presidente è John G. Healey che, nel 1986, aveva organizzato il «Conspiracy of Hope-Tour negli Stati Uniti, anche questa in una base di non guadagno.

i prigionieri di un Paese vengono torturati.

Gaia S

Comunale: istruzioni per l'uso

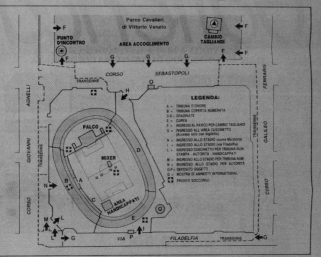

Parco Cavalieri
di Vittorio Veneto

PUNTO D'INCONTRO   AREA ACCOGLIMENTO   CAMBIO TAGLIANDI

CORSO   SEBASTOPOLI

TRANSENNE

AGNELLI

CORSO   GIOVANNI   TRANSENNE

PALCO

MIXER

AREA HANDICAPPATI

FERRARIS   TRANSENNE   GALILEO   CORSO

VIA   FILADELFIA   TRANSENNE

LEGENDA:
A = TRIBUNA D'ONORE
B = TRIBUNA COPERTA NUMERATA
C-D = GRADINATE
E = CURVA
F = INGRESSO AL PARCO PER CAMBIO TAGLIANDI
G = INGRESSO ALL'AREA CUSCINETTO (Accesso solo con biglietto)
H = INGRESSO ALLO STADIO (curva Maratona)
I = INGRESSO ALLO STADIO (via Filadelfia)
L = INGRESSO CUSCINETTO PER TRIBUNA NUM.
STAMPA - AUTORITA - HANDICAPPATI
M = INGRESSO ALLO STADIO PER TRIBUNA NUM.
N = INGRESSO ALLO STADIO PER AUTORITA
O-P = DEPOSITO OGGETTI
☐ = MOSTRA DI AMNESTY INTERNATIONAL
☐ = PRONTO SOCCORSO

I biglietti - I residenti a Torino e provincia potranno cambiare i biglietti (tagliandi acquistati, nel chiosco di fronte a «La Vetrina», in piazza San Carlo, di fianco al «Caval 'd Bronzo». Per coloro che provengono da fuori sarà possibile cambiare il tagliando nei punti appositi (divisi per settori regionali situati nel parco di fronte allo stadio, su corso Sebastopoli.

Eventuali biglietti ancora disponibili possono esser acquistati a «La vetrina» o all'interno del parco di fronte allo stadio. Il costo del biglietto è di L. 40 mila, 60 per quelli di tribuna.

Gli orari - Il concerto comincia alle 17 circa, e durerà fin verso mezzanotte. I cancelli dello stadio verranno aperti alle ore 14.

Misure di sicurezza - Come di consueto, non potranno esser portati all'interno dello stadio oggetti voluminosi (caschi, salumi e pericolosi (coltelli, ombrelli, bottiglie, lattine). Non è inoltre consentito portare allo stadio registratori, videoregistratori e apparecchi fotografici e cinematografici.

Due depositi di oggetti sono situati all'ingresso della Curva Maratona e a quello di via Filadelfia. Saranno istituite aree di precontrollo fuori dallo stadio, alle quali si potrà accedere soltanto se in possesso del biglietto.

Il palco - Costruito dalla ditta Edwin Shirley Trucking Ltd. di Londra con sistema modulare,

è largo 60 metri con un boccascena libero di 50 metri. Verrà montato con il boccascena rivolto alla curva Filadelfia, sulla pista in tartan sotto la Maratona, avendo cura di farlo poggiare su quadrati di legno per non danneggiare il fondo.

Transennature, recinzioni, circolazione all'interno e accesso al prato - Sarà installata davanti al palco a una distanza di 2,40 metri una transennatura latitudinale che prosegue fino alle cancellate che delimitano il prato e il tartan, con un sistema di passaggi tamponati con tre varchi per passaggi di servizio. La circolazione del pubblico sarà libera in tutti i settori del prato, distanti centrali e curva Filadelfia, sia a livello inferiore che a livello superiore, per tutti i possessori di biglietti da L. 40.000. Al prato, ovviamente, si potrà accedere soltanto con le scarpe da ginnastica e non ci saranno limitazioni di capienza cosa che eviterà la ressa tra i cancelli di accesso, che aveva creato in passato problemi e tensioni.

Le entrate allo stadio - Ingresso distanti centrali in corso Sebastopoli; ingresso allo stadio Filadelfia in via Filadelfia; per la tribuna numerata e il parterre (entrata sarà in corso Agnelli.

Portatori di handicap - Con ingresso su corso Agnelli, avranno un'area riservata con pedana, scivolo e toilette. Lo

spazio sarà indicato con una segnaletica esauriente.

Assistenza medica - Due i centri di pronto soccorso, della Croce Rossa: uno fuori dallo stadio, sul lato dei distinti, l'altro nel passaggio sotto la tribuna coperta. Squadre di barelle si saranno presenti sul prato, personale sanitario sistemato permanentemente davanti al palco, in modo da poter soccorrere subito gli spettatori che si trovano in quella zona.

Verranno se necessario installati ulteriori punti di soccorso «volanti», nelle zone di prato e di gradinate aperte al pubblico.

Docce - Per evitare malori dovuti all'eventuale caldo del primo pomeriggio, verranno predisposti vari tipi di refrigeramento: impianto a pioggia per il pubblico che prenderà posto davanti al palco e, in caso di necessità, docce volanti nel parterre, lungo le cancellate esterne del prato.

Segnalazioni - Per il pubblico saranno predisposti cartelli segnaletici al fine di indicare i vari servizi forniti dall'organizzazione. All'opera di informazione contribuiscono numerosi volontari di Amnesty International.

Tram e bus - Ecco le linee pubbliche per raggiungere lo stadio. Tram 4, 10, 12. Autobus 14, 14 sbarrato, 41, 41 sbarrato, 63, 63 sbarrato, 17, 17 sbarrato.

Ostello della Gioventù - E' in via Alby 1, tel. 68.27.38.

el perseguido surafricano oscuro como la noche, y como
la noche, hondo y silencioso, el compañero argentino
o chileno haciendo constante alarde de sus horribles
recuerdos de tortura y mostrando las cicatrices en los
dedos. Me recordaban a esos mendigos de Medellín que
se sientan en algunas esquinas del centro, exponiendo,
exhibiendo, chantajeando con su terrible llaga fétida,
entre roja y amarilla, a todo lo largo de la pierna izquierda.
Yo me sentía como en una exposición canina: nosotros
éramos los especímenes de todas las razas y nos exhibían
ante un público al que, con razón, le interesaban mucho
los cantantes y no entendían nosotros qué estábamos
haciendo ahí filados, como en un aviso de Benetton. Yo
tampoco entendí nunca qué estaba haciendo ahí, pero
aproveché para darle la mano a Sting, para palmotear en
la espalda a *The Boss*, para darle un besito en la mejilla
a Whitney Houston y otro apretón de mano a Peter
Gabriel y a Claudio Baglioni. No lo hice porque me
interesaran particularmente, pero como ellos eran íconos
de nuestro tiempo, según me habían dicho algunos amigos
más enterados del mundo de la farándula, quería poder
después, al salir, decirles a los histéricos de la barrera que

yo había tocado a Sting, que le había dado la mano a Peter Gabriel, que guardaba en mi mejilla algunas moléculas de saliva de Whitney Houston.

Con lo difíciles que se han vuelto las cosas en la vida tengo que confesar aquí que esa lista de cantantes del concierto de Turín ha venido inflándose bastante con el tiempo. Los de arriba son los de verdad. Pero yo con los años fui haciendo de ese concierto el más apoteósico y multitudinario espectáculo de rock que ojos humanos vieran. En mi concierto de la imaginación hay casi tantos cantantes como público, por el sencillo motivo de que me di cuenta de que la historia podía serme muy útil para despertar el interés en algunas mujeres. Lo que he hecho es lo siguiente: al conocer a alguien le pregunto qué cantante o qué grupo de rock le gusta. Y como la gente cambia tanto y es tan veleidosa, casi nunca se repiten: unas dicen que Queen, otras que Michael Jackson; unas que Bob Dylan y otras que David Bowie... Y así. Pues yo a todas, sea el que sea el cantante, les digo que lo conocí. Les digo incluso que lo toqué con mis propias manos y que ellos también me ungieron con las suyas. La mentira sirve.

Los prófugos de medio mundo, de todos los
continentes salvo Europa occidental y Norteamérica,
durante el concierto estuvimos sentados en los puestos
más caros, ahí, al lado del escenario, y menos mal que
yo me llené los bolsillos (y después los oídos) de motas
de algodón porque si no hoy estaría todavía sordo.
Gracias al algodón y a los residuos de humo de hachís
que me llegaban por el aire de los alrededores, a mitad
del concierto ya estaba entre borracho y dormido. Le di
un codazo a Aguirre y le dije que me iba. Él se quedó ahí
hasta la madrugada y al día siguiente me trataba de idiota,
de beato, de atrasado en el tiempo y retrasado en la mente
porque no sabía apreciar los verdaderos espectáculos
populares y juveniles del mundo contemporáneo, que eran
una delicia. Aguirre, además, al final del concierto, había
tenido una conversación con uno de los organizadores,
que le había preguntado mirándolo con ojos tristes:
«¿Usted qué necesita?». Y él, que lo necesitaba casi todo,
empezando por un abrigo aunque fuera de camello, le
había contestado casi con un grito: «¡NADA!».

La visita de Aguirre, que había sido invitado por los
de Amnistía para asistir al concierto, fue clave para mí. Él

dormía en la casa de un amigo español, Manuel Martín Morán (de paseo por Asturias), y yo le había entregado, con manos temblorosas, aquellos borradores de cuentos que se habían salvado (con los dólares) del robo que no fue, el día de mi llegada a Italia. De alguna manera yo esperaba un veredicto, no digo sobre mis cuentos, sino sobre mi vida. Aguirre no sabía, y quizás no lo sabe todavía, que si él hubiera pensado que mis borradores no valían nada, lo más probable es que yo hubiera abandonado para siempre la escritura. De unas pocas palabras dependía el camino por el que yo iba a dedicar todos mis esfuerzos en el futuro. Y Aguirre, al fin, me las dijo:

—Héctor, te jodiste para siempre.

—¿Por qué?

—Porque vos sos escritor. Y lo más grave es que no servís para ninguna otra cosa.

Fue con esas palabras, declarándome jodido para siempre, como yo me salvé. Desde entonces —no para ganarme la vida, pero sí para salvarme del mundo y de mí mismo— no he hecho otra cosa que juntar palabras para formar párrafos, ideas, cuentos, recuerdos, libros. Y ya

Con Aguirre
en España

sé que lo haré hasta que me muera o hasta que mi cuerpo o mi mente no me permitan seguir escribiendo. Un año después esos mismos borradores fueron mi primer libro, *Malos pensamientos*, que otro amigo, Carlos Gaviria, me hizo publicar en la editorial de la Universidad de Antioquia, con una nota suya de encomio. Si hoy releo esos cuentos siento un gran desasosiego; no son muy buenos. Pero esos dos amigos míos, en realidad amigos heredados de mi padre (porque en principio eran amigos suyos) me metieron por este camino de la escritura que, equivocado o no, es mi camino.

3

Después del concierto y de unas cuantas mesas redondas y ruedas de prensa más, resolví no volver a las reuniones de Amnesty, aunque dejaran de pagarme almuerzos y de regalarme abrigos de camello. Gracias a ellos tenía incluso ollas y sillas; recuerdo que otra activista buena, Paola Ramello, me había regalado las ollas de aluminio de su abuela y algunos muebles viejos, ollas y muebles que Bárbara, en su austeridad franciscana, conserva y usa todavía. Eran buenas personas, sin duda,

eran todas personas generosas y que luchaban por una
causa noble, pero yo odiaba sentirme como una pieza
de museo, como un espécimen etnográfico, el joven
del Tercer Mundo perseguido injustamente en su país.
No sé si logro explicarme bien. Ellos eran un grupo
de benefactores benevolentes. Ellos eran amables,
encantadores. Necesitaban de nosotros como las Damas
de Caridad necesitan de sus pobres. Incluso nosotros
necesitábamos de ellos y nos aprovechábamos de ellos.
Pero en un lugar oscuro de mi mente yo no aguantaba
su clemencia, no soportaba su aire de conmiseración,
su generosidad, su bondad, yo no quería que nadie me
compadeciera. Además otra ayuda que me daban era
brindarme un auditorio para que yo denunciara los
atropellos de mi país. Pero a mí no me gustaba denunciar
los atropellos de mi país. No porque no creyera en ellos,
sino porque lo único que conseguía haciéndolo era
confirmar en su conciencia eurocéntrica que yo venía
de un sitio bárbaro, salvaje, de alguna manera inferior,
indigno, tercermundista y capaz de producir solamente
delincuentes salvajes y militares sanguinarios, es decir,
ejemplares humanos de tercera categoría. Un sitio de

esos que, de tan horrible, casi se le podía hasta negar
su derecho a la existencia. Odiaba que me tuvieran
compasión, que me vieran como un infeliz. Tal vez odiaba
que todo el mundo se diera cuenta de mi miseria, de
mi desarraigo, de mi pequeña desgracia íntima. Íntima,
eso, pero que por un momento me veía obligado a hacer
pública. Aprovecharme de mi desgracia para sobrevivir,
eso era lo más horrible, era lo mismo que mostrar una
llaga y mendigar en una esquina del centro de Medellín.
¿Habrá algo peor que intentar sacar algún beneficio de la
propia miseria?

Cerca de mi casa en Medellín —yo recordaba— pedía
limosna una señora a la que le faltaban las dos piernas.
La señora mendigaba en un puesto fijo, al lado de un
semáforo, y algunos vecinos, varias veces, se apiadaron
de ella y le compraron piernas artificiales y silla de
ruedas. Varias veces la había visto estrenando piernas o
silla, pero ella al cabo de un tiempo, indefectiblemente,
volvía a quitarse las prótesis y a esconder la silla, pues era
exhibiendo sus muñones como más limosna recibía y no
dejándose ver en la silla de ruedas. Cuando a uno lo reciben
como refugiado, cuando le dan unos muebles y un abrigo,

ya tiene su silla de ruedas, su prótesis de Primer Mundo. Seguir yendo a los actos de Amnesty era como volver a mostrar los muñones, como seguir pidiendo limosna.

Que uno haya perdido su felicidad no quiere decir que uno sea un infeliz. Claro que esto difícilmente puede entenderlo la terrible banalidad de los que nunca han sufrido. Yo había perdido la felicidad, pero no era un infeliz. Y confiaba en que algún día volvería a reírme porque lo que me habían enseñado en la casa, lo que me había enseñado ese mismo señor asesinado que tanto dolor me daba, era que la existencia valía la pena de vivirse solo por la alegría, por la risa, y no por los horrores.

4

Era invierno otra vez (o todavía) y la vida parecía haber tomado un camino equivocado. Es tan breve el calor en la zona templada. El invierno no se acaba nunca y si se acaba vuelve a llegar ahí mismo. Era invierno, pues, de nuevo (o todavía), y la vida parecía haber tomado un rumbo equivocado. Un repentino mordisco de remordimiento, difundido y al parecer sin causa, me había despertado en mitad de la noche. Con los ojos abiertos miraba el vacío oscuro del cuarto, apenas atenuado por la claridad de la iluminación de la calle que se filtraba a través de las persianas. No porque tuviera ganas, sino por hacer algo que rompiera el sonsonete vacío del insomnio, me levanté a hacer pipí. Al sentarme en la cama, sin prender la luz para no despertar a mi mujer, estuve tanteando un rato en la mesita de noche hasta dar con los anteojos, pero, claro, puse mis dedos en los lentes y me imaginé con desagrado las huellas de niebla que debían haber quedado marcadas en los vidrios. Al acercarme al baño volví a sentir, a revivir, una de las más desagradables sensaciones de la infancia: unos pies descalzos pero con medias que de pronto pisan algo mojado y se impregnan de un líquido frío que luego chapotea a cada paso. Incluso en la penumbra fue fácil entender lo que pasaba pues a poca distancia de la entrada del baño, desde hacía diez o doce meses, caía una gotera permanente de la vieja y dañada tubería de la calefacción. La desidia, el abandono, la falta de iniciativa, más que el poco dinero o la difícil condición de forasteros, habían hecho que, a pesar de decir todas las semanas «tenemos que arreglar esto», la gotera siguiera ahí, obstinada, y por las noches, o poníamos una palangana para que el agua no se regara, o, más probablemente, gota a gota se iba formando un charco que al día siguiente serviría para mojar la trapeadora y fingir que se limpiaba el piso.

Al llegar al baño ya tenía algo más urgente que hacer pipí: escurrir las medias. Encendí la luz, bajé la tapa de la taza y me senté a quitármelas. Es fastidiosa la operación de quitarse unas medias mojadas. Me puse a retorcerlas en el lavamanos para ponerlas a secar en el radiador ya un poco menos empapadas y la mirada me fue a dar, naturalmente, sobre mi misma mirada en el espejo. Para evitar los ojos, fijé mi atención en los lentes, en busca de la huella de mis dedos sobre los cristales. Sí, allí estaban, pero esto no era lo peor. Antes de acostarnos habíamos freído unos pedazos de pollo y, ahora lo recordaba, al poner los trozos en la sartén se había levantado un gran chisporroteo de aceite. Mis gafas estaban llenas de esos pequeños punticos grasosos que deja la fritura, y lo más lamentable era que, durante la lectura que hacía al acostarme para atraer el sueño, ni siquiera me había dado cuenta. Era otro síntoma de la desidia, de que la vida había tomado un camino equivocado. Ser extranjero consiste, entre otras cosas, en que uno deja de limpiar las gafas y de arreglar las goteras.

Fue entonces cuando uno a uno fueron saliendo, nítidos, los temas del remordimiento, del mordisco que me había despertado y que, salvo la prodigiosa intervención química de algún somnífero, me tendría ya desvelado hasta el amanecer. Sí, tal vez la vida había tomado un rumbo equivocado.

Hice un recuento mental de las diligencias postergadas: por supuesto la gotera, pero también el permiso de residencia, vencido hacía dos meses, y no porque fuera imposible conseguirlo sino por pereza, sí, por pereza de comprar en una tal oficina tres pares de estampillas. Una pila de sobres rasgados, cartas sin contestar a todos esos amigos a los que en las despedidas les había jurado recuerdo, noticias, cartas muy frecuentes. Y el problema del trabajo. Que era el problema de la plata. Había vendido la cadena, habíamos visto *Zelig* y esa madrugada de domingo parecía ser mejor que las anteriores. Pero era igual, dolorosamente igual a todas las anteriores.

Zelig valió la pena. Me dio la clave de lo que debía hacer. Yo no podía dar clases de español. Mejor dicho,

sí podía, podía perfectamente, pero los italianos no
confiaban en mí. Yo no era español. Yo era colombiano,
y los suramericanos hablamos, según ellos, un castellano
espurio, feo, inculto, subdesarrollado. Yo ponía todas
las semanas avisos en *La Stampa*: «Lezioni private di
spagnolo. Insegnante di madrelingua». Y el teléfono.
Llamaban algunas personas, estudiantes, amas de casa
desocupadas o hartas de su oficio, comerciantes de
corbatas… Todo iba bien, el precio les parecía correcto,
el horario adecuado, hasta que preguntaban: «Ma Lei,
di dov'è?». Sono colombiano. «Columbiano? Davvero
columbiano?». Preguntaban aterrorizados, y hasta ahí
llegaban las clases; en pocos segundos ya habían sacado
una disculpa y cancelado la primera lección. Algunos
llegaban a la primera clase sin hacer la pregunta fatídica,
pero en cuanto se enteraban de mi origen suspendían las
clases de español. «No, mi spiace, ma io devo imparare
uno spagnolo vero, autentico.» Buscaban en mi español el
certificado DOC, como en los vinos.

Fue en ese momento cuando resolví volverme
Zelig. Resolví dejar de ser colombiano y me convertí en
español. Incluso, por seguridad, me inventé una biografía.

Como sabía que el primer Abad llegado a Colombia, allá por 1780, había sido un pastor de cabras nacido en Palencia, me pareció bien inventar que yo había nacido en Palencia, Castilla la Vieja. Tenía que solucionar también el problema del acento, pero esto no era tan difícil gracias a que en el colegio donde yo había estudiado había sido rector un psicólogo español, don Miguel Briñón, y mi pasatiempo favorito en los primeros años de bachillerato (pasatiempo que una vez casi me cuesta la expulsión) había sido imitar su voz y su manera de hablar. Así que me declaré nacido en Palencia y empecé a hablar como Miguel Briñón.

Vosotros bien sabéis que en las Indias occidentales no solemos usar la segunda persona del plural. Sabéis también que es necesario redondear un poco la pronunciación de la ese y, lo que es más difícil, que se requiere escupir un poco con los dientes al pronunciar las zetas y las ces. Pues vale, si eso es lo que queréis, os daré todas las zetas que queráis, y no diré nunca más muchacho sino chaval, y no manejaré carros sino que conduciré coches, y en vez de medias me pondré calcetines, y no habrá malparidos entre mis conocidos sino solo jilipollas,

y la vista del escote de la mujer del prójimo ya no me
pondrá arrecho sino cachondo. Era difícil, pero no
imposible. Y el efecto fue inmediato, mis alumnos se
multiplicaron como por arte de magia. Bastaba dejar de
ser colombiano para poder empezar a ganar algo más de
dinero en Italia, con un tipo de astucia (el fingimiento)
que es una argucia de raíz latina, es decir italiana, cuyos
latidos llegaron hasta Colombia por el mismo camino de
nuestra lengua.

Aquí debo aclarar que tuve la suerte, la azarosa
casualidad, de haber salido con un aspecto más de
blanco que de mestizo. Y digo casualidad porque si
mi hermana Clara, que es bastante oscura, se hubiera
visto en la misma situación que yo, a causa de su
pelo negrísimo y su piel cobriza habría tenido más
dificultades para hacerse pasar como súbdita española
nacida en Palencia. Por azares de la genética de mi
tierra y de mi mezcladísima familia yo salí con aspecto
blancuzco, el cual jamás me ha enorgullecido, pero que
tampoco dejé de aprovechar cuando me tocó disfrazarme
de europeo. Tuve la suerte de poder engañarlos y
gracias a mi disfraz de español, al poco tiempo ya tenía,

en las colinas de Turín, alumnas de las más selectas y acaudaladas familias piamontesas. Llegué incluso a no tener que volver a leer *La Stampa* en el bar pues una de mis estudiantes privadas era la hija del presidente del periódico, y cuando iba a su casa a darle clases me podía quedar con un ejemplar gratis.

Me resulta difícil pensar en ese período en el que fui español. En realidad, creo que en el fondo yo tampoco quería ser colombiano. Yo odiaba mi país y tenía motivos para no perdonar lo que el régimen que allí dominaba me había hecho a mí y a las personas que yo más quería. Tenía hasta intenciones de volverme italiano y de hacer valer el hecho, muy dudoso, de que un tal Jacopo Faciolince hubiera nacido en Génova hacia 1750, antes de emigrar a la provincia de Antioquia. Pero también me indignaba que por el hecho de ser colombiano (por el azaroso hecho de ser un Homo sapiens nacido en ese caótico país tropical) yo tuviera todas las puertas cerradas. Yo me daba cuenta de que podía fingirme con éxito lo que me diera la gana (español o italiano), y que mientras fuera español o italiano las puertas se me abrían, pero en cuanto admitía que era lo que era por origen (sin que

cambiara mi cara, ni lo que sabía, ni mis manos, ni mi
cultura, ni la conformación de mi cerebro, ni mi sangre
ni nada), aparecía en los otros otra mirada, una sonrisa
de condescendencia, unas mal disimuladas palabras
de desprecio que venían envueltas en conmiseración.
Creo que por esto se me despertó un remoto pundonor.
No el orgullo de ser colombiano, porque todos los
nacionalismos son idiotas, pero sí la rabia de que a alguien
se lo despreciara o rechazara por el solo hecho de su
nacionalidad. ¿Qué importa si uno ha nacido en un hueco
de la tierra? Es cierto y banal: nadie elige dónde ni de
quién nace. ¿Qué importa, más aún, ser hijo de puta?
¿Eligió uno la profesión de su madre o la civilización de
su país? Yo odiaba mi país, a mí me parecía salvaje lo que
ocurría en mi país, pero también era salvaje que a mí se
me juzgara solamente por el hecho de haber nacido en ese
país.

Me puse muchas máscaras para no ser despreciado y
para no ver jamás, en los otros, los ojos de la lástima. Si
te tienen lástima te vuelves lastimoso. Una vez ofrecían
un puesto en una fábrica de zapatos, la De Fonseca, lo
recuerdo bien. Allí me presenté como colombiano, pero

de familia judía; soy un marrano, dije, mis padres llegaron a Suramérica huyendo de Hitler, pero eran sefarditas de la Europa oriental. Era mentira, pero gracias a esto accedieron a hacerme el test de ingreso y después de superado me ofrecieron el cargo. El mismo día en que este judío que no soy iba a empezar a vender zapatos, ocurrió un milagro: me dijeron que tal vez, a pesar de ser colombiano, podría tener —provisionalmente y por tres meses— un puesto como Lector de Español en la Universidad de Verona. Esa misma posibilidad se había abierto y cerrado en Pisa, en Milán, en Cagliari, en Roma… A pesar de los diplomas y cum laudes, pese a las bobadas académicas que yo me había esforzado por obtener, la colombianidad de mi español era una especie de abracadabra al revés que no abría sino que cerraba todas las puertas. Yo solo quería que me dejaran probar un tiempo, ya después decidirían si sabía hablar español o no. Que me dejaran probar si podía enseñar o no el castellano.

La catedrática de Verona resultó tener menos prejuicios que la mayoría de los hispanistas regados por Italia. Algunos de sus colegas se opusieron, los mismos

estudiantes no estaban de acuerdo, pero yo le demostré
a voz en cuello que era capaz, si me daba la gana, de
imitar a un español, le juré que conjugaría los verbos en
vosotros, que usaría un léxico puramente peninsular, que
olvidaría mi seseo andino, la fauna de América, los platos
de nuestra cocina, que me aprendería la genealogía de
los reyes peninsulares, que les inventaría a mis padres
un glorioso pasado en la Guerra Civil (del bando bueno
o del malo, como gustéis), lo que fuera con tal de no
tener que vender zapatos para ganarme la vida. Logré
convencerla y me contrataron de modo condicional, hasta
que demostrara que no enseñaría el español horrendo de
los Andes a los estudiantes veroneses.

En Europa fui informado de que yo no sabía hablar
español. Lo único que yo creía dominar, lo que me había
esforzado en pulir desde el uso de razón, mi propia
lengua, fue declarado ilegítimo, incorrecto, espurio.
Todavía hoy, cuando voy a Italia, si me toca hablar en
español lo hablo con cautela, como con miedo de que
descubran que no soy español. Tengo que controlarme
para no volver a la ridícula despersonalización de
pronunciar las zetas al modo peninsular, tengo que pensar

para no reemplazar el ustedes por el vosotros. Como me
tocó hacer, en clase, durante varios años. Me sembraron la
duda de que yo hablaba mi propia lengua sin propiedad,
como si fuera un extranjero. Era como vivir en un cuerpo
prestado, hablar en una lengua que no es la propia, y
hablar la lengua propia como si fuera ajena, era como
salirse del propio cuerpo. Uno puede dominar los idiomas
extranjeros; lo que pasa con la lengua materna es que
ella, la lengua, es la que lo domina a uno. Uno puede
moverse en esa lengua como en una feliz inconsciencia.
Es horrible tener conciencia de la propia manera en que
se habla. Como esas personas que llevan a la televisión
o se encuentran con alguien que consideran muy culto y
empiezan a cambiar su manera correcta y espontánea de
hablar por una fingida e irremediablemente incorrecta.

Ser colombiano en Colombia es un riesgo casi
suicida. Y ser colombiano fuera de Colombia es de una
dificultad tal que a veces le toca a uno fingirse otra cosa
para sobrevivir. Ser colombiano no es un acto de fe, como
decía Borges. Ser colombiano es algo tan notorio, algo
que evoca tantas cosas horrendas, que es igual a tener
una cicatriz en la cara. Serlo fuera de Colombia puede ser

una maldición porque hasta a los que nos da lo mismo ser colombianos que del Perú, de Italia, de Kenia o de Mongolia, nos recuerdan que lo somos, nos lo refriegan en la cara, nos lo señalan como si fuera una marca de identidad, no sólo indeleble sino también maligna y quizás contagiosa. Y entonces la única solución no es esconder la cicatriz, sino tratar de hacer ver que uno es una persona común y corriente a pesar de la cicatriz. Yo intenté hacer ver esto, disfrazándome, antes, de otra cosa. No tuve otro camino y escogí ese, tal vez no equivocado, pero sí muy largo. Una larga desviación para mostrar que lo único sensato, siempre, es superar la enfermedad mental de los nacionalismos y el terrible prejuicio de juzgar a la gente según ese ridículo criterio geográfico que reparte la bondad o la maldad, la aprobación o el rechazo, por el indiferente sitio de la tierra en donde uno dio el primer grito.

5

Se llamaba Lorenza D'Este y la tenía sin cuidado el español. También le importaba un comino que su profesor de castellano no fuera español, aunque yo, con mi suspicacia, al principio, se lo ocultara. La fui conociendo mejor, me di cuenta de que era una mujer libre, sin prejuicios, y una tarde se entusiasmó sin medida cuando yo le confesé mi mentira de meses, su motivo, mi imitación de Zelig y la palabra infame con que se delataba mi verdadera nacionalidad. «¿Davvero colombiano? Non ci posso credere. A me gli spagnoli, in realtà, non piacciono. Parlano così forte, sono così enfatici… Ma tu mi sembravi più dolce, più simpatico. Pensa, io non ho mai avuto un amante colombiano. Spagnoli tanti, anche troppi. Saresti tu, il primo colombiano.» Hasta ese día a mí no se me había pasado por la mente que pudiéramos ser amantes de verdad. Ella era de una belleza tan apabullante que de antemano había descartado cualquier remota posibilidad de acercamiento. Mujeres como Lorenza, en general, entran en la categoría de lo imposible, es más, de lo *innavvicinabile*. Pero ella tenía sus diversiones, y entre ellas estaba ser coleccionista de amores del mundo entero, me parece, por lo que tuve la inmensa suerte de que en su colección faltara un colombiano. Yo era una laminita que todavía no estaba en su álbum de recuerdos. Lorenza tenía una especie de fantasía sobre algo que podría llamarse la *fogosidad del trópico*, algo así, y esa misma noche la nacionalidad que tantas puertas me había cerrado me abrió uno de los cuerpos más increíbles que mi cuerpo haya conocido nunca.

Después de su comentario de que yo sería el primero, aunque con un mal pensamiento en la cabeza, yo seguí mi clase sobre los verbos de la segunda conjugación, que en imperfecto tienen la terminación ía, ías, ía, íamos, íais, ían. Mi mal pensamiento (que ella hubiera hablado en serio) yo lo combatía con una respuesta resignada (fue una broma solamente, no te hagas ilusiones, bobito). Pero al final de la hora reglamentaria ella me preguntó si no podía quedarme a cenar. Sí, bastaría una llamada a mi mujer, le dije, y llamé a Bárbara para decirle que no iría a comer. Bárbara me sonrió con sus palabras, como siempre.

Lorenza vivía *in collina*, que en la lengua de la ciudad quería decir el sitio más elegante de Turín. Yo iba hasta su casa en bicicleta, atravesando el río Po por Piazza Vittorio (la de los cuadros metafísicos de De Chirico) y empezaba a trepar por detrás de la iglesia de la Gran Madre. Trataba de llegar con tiempo, para descansar un rato antes de timbrar, de modo que al entrar ya se me hubiera secado el sudor de la subida. No muy lejos de su casa quedaba

Vista desde la Piazza Vittorio
hacia la colina de Turín

la *villa* de Agnelli, el dueño de la Fiat, y muchas otras *ville* de no sé cuántos más potentados de la ciudad. Lorenza vivía en una casita apartada, que había sido la residencia de los mayordomos de la *villa* de sus padres, a la entrada del parque. Ella la había acondicionado para su vida de soltera, aunque a veces dormía también en la casa principal. De hecho esa noche caminamos por el sendero arborizado hasta la casa de sus padres. Estaba solo la madre, donna Giovanna, y cenamos con ella algo que yo no sabía qué era porque lo comía por primera vez: ensalada de pulpo. Me supo delicioso y muchas veces volvimos a llenar las copas con un buen *spumante*. Era también la primera vez que lo probaba. Yo nunca podía permitirme esos lujos y creo que comí y bebí mucho más de la cuenta, olvidando ese viejo consejo de mi madre que dice: «Cómete todo en la casa de los pobres, pero come muy poco en la casa de los ricos». No. Comí como lo que era en aquel tiempo, un pobre más. Pero donna Giovanna celebró mi apetito con una frase que desde entonces no olvido: «Svogliati a tavola, svogliati a letto». Con lo cual, mediante una fácil permutación silogística, resultaba que los comelones resultábamos también golosos en la cama.

Después de la comida, Lorenza me llevó de vuelta a su casita apartada, para una última grapa. Fue ahí, sentados en el sofá blanco que daba la espalda a la ventana, que yo me atreví, con el pretexto de oler su perfume, a acercar mi nariz a su cuello, mi boca a su clavícula, mi mano a su brazo izquierdo y a su axila. La champaña, el pulpo, la grapa, la luz tenue de su casa en esa tarde de finales de la primavera, la frase de Lorenza sobre los colombianos, la clase de gramática, todo conspiraba para que yo esa noche me hundiera ahí, en su cuerpo. Cuando empezamos a besarnos, Lorenza hizo por primera vez ese gesto que en adelante, todas las veces que nos acostamos, siempre hizo: se encaramó a horcajadas sobre mi muslo y empezó a presionar allí con su entrepierna, con una caricia lenta, con un frotar cada instante más intenso. La falda por supuesto se le trepaba siempre casi hasta la pelvis, y dejaba descubierto su par de piernas estupendas, bronceadas, fuertes, sin medias.

No todas las mujeres te buscan con la mano. Ella sí. Ella quería probar qué había allí. Y en adelante siempre fue parecido: una larga caricia por encima de los pantalones, luego una mano hábil que abre el botón y baja la bragueta. Yo mientras tanto, con mis manos, de las axilas pasaba al pecho. Las tetas de Lorenza. Durante algunos años, con el recuerdo, las describí en mis novelas, y a casi todas las mujeres que allí aparecen haciendo el amor les puse siempre las tetas de Lorenza, aunque no las tuvieran. No se usaba todavía la silicona en ese tiempo y sin embargo su firmeza y su tamaño podrían hacer pensar, hoy, que ella estaba operada. Eran perfectas. De un tamaño ideal que apenas rebasaba la palma abierta y cóncava de mi mano, con una areola rosada y suave, muy sensible al tacto, de perfecta textura cuando las lamía, mullidas y duras al mismo tiempo, blandas y firmes, aptas para la caricia y el mordisco leve. Lorenza desnuda era una aparición; algo tan perfecto que me quedé pasmado, mirándola un rato, sin poder reaccionar, mi miembro estupefacto apuntando con su único ojo hacia el techo, con una tensión de fruta madura a punto de estallar. Cuando mis dedos la tocaron debajo del vello, y hallé esa viscosidad tan abundante que una tirita de baba se enredó y colgó de mis dedos como un largo espagueti, no pude contenerme. Quedé como el peor amante tropical que ojos humanos vieran. Me vine allí, afuera, sin haber siquiera insinuado el ademán de penetrarla. Ella se murió de risa, y recogió mi semen con la mano para untárselo alrededor del ombligo. «Fa bene alla pelle», decía, «fa bene alla pelle», mientras se embadurnaba entre carcajadas de burla y de contento. «Mi dispiace, non ce l'ho fatta, sei talmente bella…», intenté disculparme. Tuvimos que esperar un buen rato, pues no soy rápido para segundos asaltos. Tomamos otra grapa, conversamos desnudos tendidos en su cama. Al fin, ya cerca de la medianoche, envueltos en las sábanas y en risas, estuvimos media hora confundidos en ese abrazo y esa sensación que son una de las pocas cosas que justifican todo el dolor de la existencia.

No es fácil volver a la casa de la esposa, de la hija, después de haber hecho el amor con otra mujer, y prefiero evitar un comentario, una nota que si fuera de culpa sonaría de burla, después de haberme acostado tantas veces y sin remordimiento con Lorenza D'Este. Bárbara, dormida, me parecía dulce y triste, metida en su bata blanca, sonriente y segura al saludarme, con una inocencia pura que me enternecía, idéntica casi a la inocencia de la niña que dormía en su colchón, al lado de nuestra cama.

Desde ese día, durante varios meses, todos los miércoles traicioné a Bárbara con Lorenza. Mis clases de español se convirtieron en una simple y alegre complicidad erótica, ausente ya de verbos y modo subjuntivo, sin zetas españolas ni yeísmos andinos. Lorenza, sin embargo, siempre me pagaba; ella misma ponía, en un sobre, las diez mil liras de mi hora de español. Yo hubiera pagado lo que no tenía solo por poder ver a Lorenza desnuda, y ella me pagaba porque yo me hundiera en su cuerpo todas las semanas. El curso intensivo duró hasta principios de septiembre, cuando Lorenza se fue a hacer un máster en una universidad americana de la Ivy League. Se habrá quedado o habrá vuelto. No importa. Nunca nos escribimos, y yo jamás he vuelto a verla. La recuerdo con una nitidez perfecta, y no quisiera verla ahora, veinte años después, con otra cara, otra piel y otro cuerpo. Tampoco yo soy el mismo, y espero que en los dos se quede ese recuerdo. Ella vuelve hacia mí, a mi memoria, cada siempre, y la abrazo con estos brazos que ya no se parecen a mis brazos de entonces, pero tomo su cuerpo que sigue igual, idéntico a sí mismo, todavía, en nuestros miércoles furtivos que terminaron mucho antes de gastarse. Su nombre es uno de los pocos que en este libro he cambiado, para no tener nunca la tonta tentación de volver a verla.

Ex futuros

Si yo jamás hubiera salido de mi villa,

con una santa esposa tendría el refrigerio

de conocer el mundo por un solo hemisferio.

Tendría entre corceles y aperos de labranza,

a Ella, como octava bienaventuranza.

Quizá tuviera dos hijos, y los tendría

sin un remordimiento ni una cobardía.

Quizá serían huérfanos, y cuidándolos yo,

el niño iría de luto, pero la niña no.

RAMÓN LÓPEZ VELARDE

Siempre he pensado que la pasión literaria, el gusto por imaginar historias, por sumergirnos en ellas y encarnar en personajes que no somos nosotros, tiene un parentesco estrecho con la esquizofrenia, con la demencia de desdoblarse en otro o en otra que no somos, y oír sus voces y sentir su olor y ver su cara, que tal vez no existen. Escribir ficciones tiene algo de locura controlada. La frase más famosa de esta despersonalización se cita siempre y es muy hermosa si se la oímos decir a un hombre gordo, enfermo y ojeroso: «madame Bovary, c'est moi». Aunque autor y personaje no son la misma cosa, todos sabemos o

al menos sospechamos que muchas bondades humanas de don Quijote eran también bonhomía de Miguel de Cervantes, y que muchos embelesos de madame Bovary eran cursilerías amorosas que el solterón Flaubert no se permitía del todo sentir. Escribir es despersonalizarse, dejar de ser lo que somos y pasar a ser lo que podríamos ser, lo que casi fuimos, o lo que podríamos haber sido. Al fin y al cabo, como en alguna parte dijo una Ofelia desquiciada, «we know what we are, but know not what we may be», «sabemos lo que somos, pero no lo que seremos».

Creo que el primer requisito para poder escribir una historia ficticia (y también la primera condición para leerla con gusto) consiste en la capacidad de desdoblarse, de salirse del soso yo que nos habita. Voy a recordar una de las frases más populares de la cultura literaria hispanoamericana. No es más que un breve y triste cuento de Borges: «Yo, que tantos hombres he sido, no he sido nunca aquel en cuyo abrazo desfallecía Matilde Urbach». No he sido el que quise ser, el amado, el que abrazó su cuerpo, pero algo me queda y entonces me vuelco a la escritura, ese consuelo miserable, pero consuelo al fin, cuyos «instrumentos de trabajo son la humillación y la angustia». Reemplazar el nombre de Matilde Urbach por otro nombre que solamente nosotros conocemos, es reconocer que también la humillación y la angustia pueden ser los instrumentos de trabajo de un lector.

Muchas veces, quizá siempre, para un escritor es mucho más deseable ser otros que ser él mismo. Eso es lo que me gusta de este trabajo: que en los personajes podemos poner todos nuestros temores y nadie puede estar seguro de que son nuestros. Es delicioso poder trasladarle a una máscara toda nuestra ira, nuestra envidia, nuestra cobardía, nuestra sed de venganza, pero también, quizá, toda la bondad, toda la fuerza y toda la valentía que no tenemos. Concentrar en alguna adúltera imaginaria la infinita cursilería que es capaz de destilar nuestro pensamiento, o en algún solterón empedernido todas nuestras quisquillosas manías de quien no tolera el menor desajuste doméstico; darle al de más allá la inteligencia o la agudeza mental que nosotros nunca fuimos capaces de manifestar en el momento oportuno.

Una cosa distinta a la anterior es querer ser otra persona por completo, otra persona que ya existe en el mundo real. Este es un ejercicio mental inane y sin interés, por imposible. Borges examinó una vez, con maravillosa ironía, esta posibilidad. Su burla está recogida en uno de los textos recobrados después de su muerte, pero fue publicado por primera vez en 1932 en una oscura revista de Santa Fe. El ensayo se titula «El querer ser otro», y en su parte central se ríe de la frase «Quisiera ser Alvear», que traducida al presente es lo mismo que decir «Quisiera ser Uribe», en Colombia, o «Quisiera ser Berlusconi», en Italia. Analiza Borges: «*Quisiera ser Alvear* no significa *Quisiera ser Alvear.* Significa *Quisiera ser* quien soy, pero con las oportunidades *que tiene Alvear y que no aprovecha, porque sólo es Alvear.* Significa, en último análisis: *Alvear quisiera ser yo… Quisiera ser Joan Crawford* [que trasladado a hoy es como decir *Quisiera ser Angelina Jolie*], en cambio, puede significar *Yo quisiera habitar ese glorioso cuerpo de Joan y cobrar sus espléndidos honorarios de adoración y de oro y de competentes fotógrafos,* pero puede querer decir también *Quisiera ser, cuerpo y alma, Joan Crawford.* Este deseo es el que más me interesa en verdad: que B quiera ser N». Y concluye Borges: «Nada me impide suponer que esos secretos cambios están aconteciendo continuamente y que un

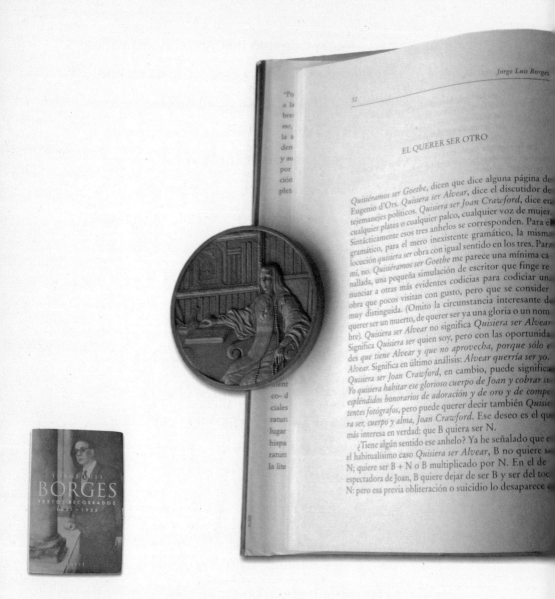

The book page reads:

32

EL QUERER SER OTRO

Quisiéramos ser Goethe, dicen que dice alguna página de Eugenio d'Ors. *Quisiera ser Alvear*, dice el discutidor de tejemanejes políticos. *Quisiera ser Joan Crawford*, dice era cualquier platea o cualquier palco, cualquier voz de mujer. Sintácticamente esos tres anhelos se corresponden. Para el gramático, para el mero inexistente gramático, la misma locución *quisiera ser* obra con igual sentido en los tres. Para mí, no. *Quisiéramos ser Goethe* me parece una mínima canallada, una pequeña simulación de escritor que finge renunciar a otras más evidentes codicias para codiciar una obra que pocos visitan con gusto, pero que se considera muy distinguida. (Omito la circunstancia interesante de querer ser un muerto, de querer ser ya una gloria o un nombre). *Quisiera ser Alvear* no significa *Quisiera ser Alvear*. Significa *Quisiera ser quien soy, pero con las oportunidades que tiene Alvear y que no aprovecha, porque sólo es Alvear*. Significa en último análisis: *Alvear querría ser yo*. *Quisiera ser Joan Crawford*, en cambio, puede significar Yo quisiera habitar ese glorioso cuerpo de Joan y cobrar su espléndidos honorarios de adoración y de oro y de competentes fotógrafos, pero puede querer decir también *Quisiera ser, cuerpo y alma, Joan Crawford*. Ese deseo es el que más interesa en verdad: que B quiera ser N.

¿Tiene algún sentido ese anhelo? Ya he señalado que en el habitualísimo caso *Quisiera ser Alvear*, B no quiere ser N; quiere ser B + N o B multiplicado por N. En el de espectadora de Joan, B quiere dejar de ser B y ser del todo N: pero esa previa obliteración o suicidio lo desaparece

Textos recobrados de Jorge Luis Borges
Emecé
2001
Buenos Aires, Argentina

modo que no queda nada de B y que su incorporación a N, o rápido consumo por N, es impracticable. Si en el decurso del minuto siguiente, yo me convierto en el antiguo barbero del hermano mayor del secretario confidencial de Al Capone, en el preciso instante en que ese problemático personaje ocupa mi lugar —el milagro es tan imperceptible como absoluto. Nada me impide suponer que esos secretos cambios, están aconteciendo continuamente y que un modesto Dios se complace con esos pudorosos milagros. La desconcertante falta de asombro en el segundo preciso de la transformación, es una prueba de la perfección del ajuste. Arribo a esta conclusión melancólica: B no puede llegar a ser N, porque si llega a serlo, no se darán cuenta ni N ni B.

En este desconsuelo, no sé de otro posible socorro que el de los metafísicos idealistas. Estos disolvedores benéficos —empezando por David Hume— arguyen que una persona no es otra cosa que los momentos sucesivos que pasa, que la serie incoherente y discontinua de sus estados de conciencia. B, para esos disolventes, no es B. Es, imaginemos: mirar distraído un farol + apurar el paso + reconocerse en el espejo de una confitería + deplorar que uno no pueda enviarle alfajores a tal niña en tal calle + figurarse con algún error esa calle + rectificar el ángulo del chambergo + tener frío + pensar en la hora + cerciorarse de que uno estaba silbando + no dar con el nombre de la tonada + ver un carro + dejarlo pasar + comprobar que uno de los troperos es malacara y que le han puesto encima una lona + saberse de golpe misteriosamente feliz o misteriosamente abatido + saber que lo que uno está silbando es norteamericano y que Myriam Hopkins lo canta + figurársela de frente a la clara Myriam y no poder figurársela de perfil + atravesar la calle San Luis, o será Viamonte + oír retumbar dos campanadas que uno se imagina altas + tener frío y sueño + buscar la luna en el cielo + etcétera... La primer consecuencia de esa teoría es que B no existe. La segunda (y mejor) es

modesto Dios se complace con estos pudorosos milagros.
La desconcertante falta de asombro en el segundo preciso
de la transformación, es una prueba de la perfección del
ajuste. Arribo a esta conclusión melancólica: B no puede
llegar a ser N, porque si llega a serlo, no se darán cuenta
ni N ni B».[*]

[*] Jorge Luis Borges, *Textos recobrados*, Buenos Aires, Emecé, 2001, pp. 32-33.

La despersonalización que ocurre en el
ejercicio de la literatura es muy distinta a la
anterior. En la fantasía literaria no hay una sustitución de
A por B, sino un traslado, un experimento mental por el
que, provisionalmente, nos convertimos en otro que no
es de carne y hueso sino de palabras e imaginación. Y ese
otro, para que pueda funcionar bien en un libro, para
que sea creíble y convincente, tiene que habitar ya dentro
de nosotros mismos; tiene que ser una parte nuestra. Si
Borges escribió «Funes, el memorioso» fue porque de
algún modo él mismo tenía una memoria prodigiosa,
que bastaba solamente llevar un poco más allá, hasta
sus últimas consecuencias, para toparse de frente con el
absurdo terrenal y metafísico de la memoria infalible.

Dejemos por un momento la literatura y vengamos a
la vida diaria. Hay un tipo de gusto y de tormento mental

que consiste en pensarnos a nosotros mismos, no como somos, sino como podríamos haber sido. En este ejercicio podemos ver un yo parecido al yo que somos, pero con cambios en las decisiones y en las circunstancias, las cuales, en mayor o menor medida, producirían una radical o leve transformación de lo que somos. No es necesario imaginar el cambio brutal que significa crecer en otra familia o irnos a otro país; basta pensar en un cambio de casa, de barrio, y los encuentros que ganamos y perdimos con esa mudanza.

Como casi nadie tiene una copia genética de sí mismo, un clon, o un gemelo idéntico, este experimento mental —aunque mucho más imperfecto— lo podemos hacer, o se produce espontáneamente, cuando nos volvemos a ver después de mucho tiempo con un viejo amigo que siguió en la vida por un camino distinto, por un camino que alguna vez fue el nuestro y del que nos desviamos en una encrucijada. Un encuentro así nos pone de frente con eso que se ha llamado «los yos ex futuros», es decir, con los yos que pudimos llegar a ser y que no fuimos. Le debo al mismo amigo, Manuel Martín, con quien pasé algunos días después de años de no vernos,

tanto el enfrentamiento personal con uno de mis yos ex
futuros (los buenos amigos tienen algo de espejo) como
el concepto y la feliz expresión de «ex futuros» esbozada
por don Miguel de Unamuno en alguno de sus escritos,
pero nunca desarrollada a cabalidad. La idea quedó
plasmada también en uno de sus poemas:

> *¿A dónde fue mi ensueño peregrino,*
> *a dónde aquel mi porvenir de antaño?*
> *¿A dónde fue a parar el dulce engaño*
> *que hacía llevadero mi camino?*

«Si te hubieras quedado en Turín, hoy ya serías
catedrático», me dijo Manuel una noche, después de la
copita de grapa con que siempre terminamos nuestras
comidas: «Si te hubieras quedado en Turín, hoy ya serías
catedrático». Si aprieto los párpados y me miro con
los ojos de la imaginación me puedo ver, si no como
catedrático, al menos sí como *Ricercatore* (investigador) o
como *Professore Associato* en una universidad del sur de
Italia. Haría talleres sobre el romancero, sobre la poesía
del Siglo de Oro, estudiaría la estructura de las vocales

en Quevedo, las aliteraciones en Lope y los quiasmos en Góngora, en fin, cosas que sabía hacer y que luego olvidé.

Ese fue uno de los muchos caminos que se me abrieron y que no tomé en la vida, a pesar de que alguna vez, hace más de dos decenios, harto de la barbarie colombiana, yo había resuelto cancelar mi pasado, borrar del afecto y de la memoria a mi infame país, y volverme italiano. Intenté conseguirlo durante años, hasta que tuve que rendirme ante la evidencia de mi terco tropicalismo, del irremediable troquel cultural de haber pasado en las montañas del trópico los primeros veintidós años de mi vida. Pero no quiero hablar de mi ex futuro de italiano, al que nunca hubiera podido acceder realmente.

Es la noción general de ex futuro la que me interesa. Veámosla en la descripción original de Unamuno: «Siempre me ha preocupado el problema de lo que llamaría mis "yos ex futuros", lo que pude haber sido y dejé de ser, las posibilidades que he ido dejando en el camino de mi vida. Sobre ello he de escribir un ensayo, acaso un libro. Es el fondo del problema del libre albedrío. Proponerse un hombre el asunto de qué es lo que hubiese sido de él si en tal momento de su pasado hubiera tomado otra determinación de la que tomó, es cosa de loco. Tiemblo de tener que ponerme a pensar en el que pude haber sido, en el ex futuro llamado Unamuno, que dejé hace años desamparado y solo…». Y en otra parte sostiene la sugestiva tesis de que uno de los Goethes posibles fue Werther. Lo dice así: «Werther es el ex futuro suicida de Goethe».

Yo me pregunto si buena parte de la literatura no será en últimas, entonces, una manera de lidiar con nuestros ex futuros: con eso que no somos, pero que podríamos llegar a ser o que pudimos haber sido. Aunque en mis brazos nunca desfalleciera Matilde Urbach, ¿no puedo al menos hacer que desfallezca en los brazos de otro que se parece mucho a mí salvo en la infelicidad?

Quizá uno de los tantos motivos por el que nos fascina el juego del ajedrez —tan parecido a la vida— tiene que ver con que después de jugada la partida (una vez ya ganada, perdida o dejada en tablas) nos podemos devolver a analizar las variantes: si hubiéramos retrocedido ese caballo, al final de la apertura, postergado uno o dos movimientos el enroque, si al mover el alfil nos hubiéramos apoderado de cierta posición en el centro del tablero, quizá nuestra suerte no habría sido tan aciaga y sería el negro quien se hubiera visto condenado ineluctablemente a la derrota. El análisis de las variantes es un ejercicio interminable y lleno de encanto porque el rumbo del juego se modifica siempre, por poco que cambien nuestras decisiones, pues una variación tan leve como mover el peón uno o dos escaques puede significar la muerte o el empate. En una partida de ajedrez, como en la vida, no se puede rectificar; pero una vez jugada la partida, se pueden analizar las variantes. La literatura analiza las variantes de la vida.

Volvamos al problema de no ser lo que pudimos haber sido. Todos nos preguntamos lo que hubiera sido de nuestra vida si aquella vez hubiéramos aceptado ese trabajo, si hubiéramos seguido el impulso de aquel primer beso que no llegó a la cama ni mucho menos al altar. Si en el ajedrez todo parece obedecer al cálculo y a la voluntad, en la vida tenemos la sensación de que también intervienen el destino y el azar. En nuestra manera de entender cómo se construyen o desarrollan nuestras vidas creo que hay tres actitudes diferentes que hablan mucho de nuestro talante y del peso que le damos a la libertad:

La primera actitud es la de los *deterministas*, que
creen en el destino, en el hado, en la predestinación
(o en la genética inflexible de nuestras más hondas
inclinaciones, esa especie de psicología protestante que
ahora se impone en los países anglosajones). La segunda
es la de los *azarosos*, que creen que todo aquello que
nos pasa al cabo de los años no está gobernado por
nuestra elección, sino por el azar, por esa serie de muy
improbables casualidades que llamamos la vida. Y la
tercera es la de los *voluntariosos*, es decir, la de aquellos
que creen en la Voluntad con mayúsculas, y en nuestra
capacidad de dirigir nuestras vidas como Palinuro dirigía
el barco de Eneas por entre las olas del Mediterráneo,
a puerto seguro contra viento y marea, salvo alguna
tormenta fatídica.

El destino (genético o divino), el azar o la voluntad.
Cuando se tiene la sensación de destino, no podemos
admitir otros ex futuros, pues todo en la vida estaría
dirigido a ser lo que somos, y no habría otro camino ni
otro resultado posible. Las personas exitosas (lo mismo
que sus biógrafos), en especial, suelen creer que su
presente había sido anunciado de un modo premonitorio

en cada acto, palabra y omisión de sus vidas. El garabato infantil anunciaba al gran pintor, el balbuceo en el colegio era el prólogo obvio del escritor, el juego de médico para tocar a la prima anunciaba sin dudas al eminente cirujano. Con el azar, nuestros yos futuros dependen de la mera casualidad. Hay quienes se ven como veletas empujadas en cierta dirección solamente por el capricho de los vientos. Soy escritor porque un día me encontré en un café con el editor Equis; sin ese encuentro seguiría siendo ganadero. Con la fe en la voluntad, al contrario, la que prefieren los manuales de autoayuda, creemos que al menos en parte gobernamos nuestro destino, que querer es poder, que nos ponemos metas incluso inalcanzables y las conseguimos, y también que al elegir, cerramos consciente y deliberadamente otras vidas y nos metemos por una única posible.

En las relaciones sentimentales esto se manifiesta con mucha claridad. Las novias, los amoríos, las esposas o amantes que hemos tenido, ¿nos escogieron o las escogimos por una misteriosa fuerza irresistible, fueron fruto del azar, o nos las impusimos como un acto de voluntad? Quién no ha pensado que bastaría no haber ido a tal fiesta, a tal paseo, a tal restaurante (como en algún momento pensamos hacer) para no haber conocido jamás a la persona que nos arregló o nos arruinó la vida. Eso es creer que el azar construye un futuro y destruye varios ex futuros. Hay quienes piensan que existe la mitad perdida de la que habla Platón en su diálogo sobre el amor, que alguien o algo nos la pone en el camino, y que solo a esa otra mitad estábamos destinados. Como en el poema de López Velarde: «¿Existirá? ¡Quién sabe!/ Mi instinto la presiente;/ dejad que yo la alabe/ previamente». Quien no la encuentra errará por el mundo hasta la muerte, como un alma en pena e incompleta. Otros más consideran que creemos elegir, pero que la economía, la biografía, las experiencias infantiles o los mismos genes nos llevan a escoger, si no a una persona en particular, sí al menos a una persona de determinadas características. Que somos fanáticos comunistas o fanáticos fascistas, fanáticos ateos o fanáticos teístas, porque nacimos con genes de fanáticos. Los que se creen dueños de su voluntad dirán que ellos escogieron exactamente lo que querían, lo que estaba en sus planes encontrar, que uno es «el arquitecto de su propio destino», como en el verso cursi de Amado Nervo.

No tengo sobre esto ninguna conclusión, sino una hipótesis que, por mi talante conciliador, sigue un camino intermedio. Yo creo que escojo, según las cartas que me reparte el azar, siguiendo un programa genético (mi carácter) y cultural (mis experiencias), con una aparente decisión de la voluntad, que en realidad no es más que la justificación, a posteriori, de lo que no decidió solo mi cabeza, sino sobre todo mi intuición. Al elegir (elegir es descartar), sin embargo, veo pasar los despojos de los yos que pude haber sido, unos yos que eran tan reales y tan probables como el yo que soy. Soy este, pero tengo la firme convicción de que pude haber sido otro, otros.

≈∽

Los personajes de novela, como los ex futuros, llevan una curiosa existencia de fantasmas. Estos no son lo que son ni lo que fueron los escritores, sino lo que podrían haber llegado a ser. «Werther es el ex futuro suicida de Goethe.» Conjuro este fantasma y sigo vivo, provisionalmente, postergo el yo muerto suicida que por un instante pude ser. Postergo el fantasma.

También los demás son presencias fantasmagóricas que se van precisando con la observación y con el tiempo. Hasta la persona amada, sobre todo la persona amada, es un jeroglífico que no acaba de despejarse nunca del todo. Por como se tarda Fulano en contar el dinero para pagar la cuenta, le atribuimos una personalidad, un fantasma de avaro; por cómo nos mira o no nos mira Zutana, le damos su fantasma de coqueta, de santurrona, de madre, de puta, de pura, de calculadora, de buena, de falsa buena, de rica, de tonta, de peligrosa, etc. ¿Y en últimas quién es esta mujer, cualquier mujer, es ella o sus fantasmas y cuál de todos sus posibles futuros llegará a ser? Puede ser humilde y puede ser arrogante; puede ser modesto y, peor, falso modesto. La fantasía simula las encarnaciones que parirá el porvenir de esa persona, hace predicciones, y comprueba si es así o no es así, si corresponde a eso que nos imaginábamos. ¿Llegará a ser Mónica como la madre de Mónica? En eso se nos va la vida, en tratar de entender y de conocer a los otros, a esa inmensa cantidad de gente con su ejército de fantasmas. He encontrado mujeres en la vida que me gustan, pero a las que he dejado a un lado porque sé que aunque me gustan ahora, después no me gustarán.

Y fuera de todo lo anterior, para añadir caos y fantasmas a esta explosión de fantasmagoría que es la vida, el ser humano se inventó ese juguete fantástico de la literatura. ¿Habrá una persona más real que Celestina, aunque nunca haya existido? Y madame Bovary, y Ana Karenina, y Ulises y Aureliano Buendía y Joseph K., Adán y Eva, el Comendador de Fuenteovejuna, Macbeth, Funes el memorioso, Juvencio Nava, o los infinitos, inagotables personajes de Bolaño que brotan como hongos de sus libros, profesores, poetas, escritores, fanáticos, torturadores, asesinos... ¿Para qué seguir? Hay más personajes en la literatura que personas en la China. Los seres humanos somos insaciables: queremos presencias, presencias, buscamos evadir nuestra definitiva soledad, no hacemos otra cosa que luchar por no estar solos, y como los vivos no nos dan abasto, entonces vivimos en perpetua conversación con los fantasmas, con el niño que fuimos y hasta con el hombre que ya no seremos. Por ese gusto de conversar con lo inexistente —o que existe en otra dimensión— leemos novelas y para eso vemos películas y telenovelas.

Creo que es bastante común que todos, hombres y mujeres, nos entreguemos a veces a una misma fantasía,

a un mismo ejercicio de memoria. En una noche solitaria
o aburrida, en una espera inútil en la sala del dentista o
en un aeropuerto, nos entregamos a hacer el recuento de
los amantes o las amantes del pasado. Listas mentales,
nombres en una libreta. Volvemos a verlas y a abrazarlas
en la memoria, repetimos los gestos, los besos, las
palabras. De algunos fantasmas, a veces, no nos queda
nada: basura, cenizas, polvo, asco. Otras veces esos
fantasmas resucitan e incluso —como dicen los padres
de la Iglesia— son capaces de nuevo de encendernos
la carne. Y es una maravilla, es como si uno recordara
un plato insuperable que se comió hace quince años en
Barcelona y de repente las papilas volvieran a sentir ese
favor del buen sabor del vino, la precisa consistencia
y sensación del bogavante. Pero no; los fantasmas
culinarios son lábiles. Los fantasmas eróticos, en cambio,
si no encienden la carne, no cabe duda de que encienden
la imaginación. Son, sí, fugaces, evanescentes, difíciles
de abrazar, pero a veces se encarnan en la fantasía, como
en los sueños, y parecen tan reales como la realidad, e
incluso mejores en ocasiones, con la piel más tersa, sin
las humillaciones del envejecimiento, con el aliento de

los mejores días, con menos inconvenientes prácticos (no hay que cuidarse mucho por el papiloma, no hay que levantarse a acompañarla a la casa a las tres de la madrugada).

Los diferentes hombres presentes que hemos sido, esos otros que fuimos y que también se llamaban con nuestro mismo nombre; los futuros que seremos o los ex futuros que día a día dejamos abandonados a la vera del camino, todos, todos, tarde o temprano no seremos otra cosa que fantasmas. Lo realizado y lo no realizado será lo mismo: fantasmas. Quizá para no espantarnos, y como un homenaje a los fantasmas que seremos, nos gusta pensar en los fantasmas que no fuimos. Si no me equivoco, este es, en parte, el gran encanto de la literatura.

«Nuestros yos ex futuros son los demás», dice Unamuno. Yo digo que los demás son demasiados, y más bien que lo que más se parece a nuestros yos ex futuros (si no tenemos un hermano gemelo) son nuestros amigos. Hablando con este amigo que no cambió de camino, Manuel Martín, que hoy sigue viviendo su destino en Turín (una ciudad que fue mía), que persistió en ese camino que yo también estuve a punto de tomar (el académico), y viéndolo al lado de su esposa, con sus hermosos hijos, con una carrera buena y una vida feliz, me pregunto si no habría podido también yo ser ese buen profesor, especializado hasta el fondo en unos pocos temas de investigación, ese buen marido y ese mejor partido. No es que me queje del yo que soy (que no sé si dependa del azar, del hado o de la voluntad), pero ese ex yo que veo en el espejo de mi amigo no me molesta para nada y a ratos casi lo envidio. Yo me pregunto si a él a ratos no le pasa lo mismo, mirándome a mí, con lo maduros y rojos que parecen casi siempre los frutos del cercado ajeno, y con mayor razón si alguna vez tuvo veleidades literarias (que no es su caso) y las abandonó.

En una novela reciente, de Mark Sarvas, *Harry Revised,* hay un episodio que podría ayudar a aclarar lo que muchos hemos sentido algunas veces. En su difícil vida conyugal, una vida en la que Anna, su esposa, se avergüenza un poco de él, a Harry se le ha permitido tener un cuarto arrinconado en el sótano, donde van a parar las cosas de él que a la mujer no le gustan, que no soporta ni siquiera ver. Estas cosas enviadas al exilio por su esposa (una guitarra, unos afiches, un tablero de ajedrez, cierto estilo de camisas y zapatos) son los distintos sí mismos (*selves*) que él hubiera querido ser o que soñó en algún momento con ser. Cuántos deseos truncados, cuántas vocaciones relegadas al sótano, por complacer o al menos por no contrariar a nuestra pareja, a nuestros familiares, a nuestros padres o a las costumbres de nuestro tiempo y de nuestro país.

Todos esos que no soy y que pude haber sido están en alguna parte que tal vez no quede mucho más allá de las paredes de mi cráneo. Porque no todos los ex futuros están muertos, según Unamuno: «No creo —es decir, no quiero creer— en la muerte definitiva e irrevocable de ninguno de nuestros yos posibles». En alguna otra dimensión, así sea la de la fantasía o la del sueño, yo soy ahora profesor de literatura española, especialista hasta en la pierna coja de Quevedo, y estoy casado con una bonita ex muchacha de nombre Lorenza (con la que ese ex futuro yo mío tuvo un niño y una niña), a la que alguna vez, hace veinte años, no fui capaz de dirigirle la palabra.

Este libro
se terminó de imprimir en los
talleres gráficos de Nomos Impresores,
en el mes de enero de 2010,
Bogotá, Colombia.